रश्मिरथी

रश्मिरथी

रामधारी सिंह 'दिनकर'

लोकभारती प्रकाशन

लोकभारती प्रकाशन
पहली मंजिल, दरबारी बिल्डिंग, महात्मा गांधी मार्ग
प्रयागराज-211 001

वेबसाइट : www.lokbhartiprakashan.com
ईमेल : info@lokbhartiprakashan.com

शाखाएँ : 1-बी, नेताजी सुभाष मार्ग, दरियागंज
नई दिल्ली-110 002

अशोक राजपथ, साइंस कॉलेज के सामने
पटना-800 006

1, अनमोल सोराबजी संतुक लेन, धोबी तलाव,
मरीन लाइंस, मुम्बई-400 002

पहला संस्करण : 1952
पैंतालीसवाँ संस्करण : 2025

मूल्य : ₹ 795

मुद्रक : बी.के. ऑफसेट
नवीन शाहदरा, दिल्ली-110 032

RASHMIRATHI
Partly Epic by Ramdhari Singh 'Dinkar'

ISBN : 978-81-8031-362-2

मित्रवर पण्डित जनार्दन प्रसाद झा 'द्विज'
के योग्य

भूमिका

इस सरल-सीधे काव्य को भी किसी भूमिका की जरूरत है, ऐसा मैं नहीं मानता; मगर, कुछ न लिखूँ तो वे पाठक ज़रा उदास हो जाएँगे जो मूल पुस्तक के पढ़ने में हाथ लगाने से पूर्व किसी-न-किसी पूर्वाभास की खोज करते हैं। यों भी, हर चीज का कुछ-न-कुछ इतिहास होता है और 'रश्मिरथी' नामक यह विनम्र कृति भी इस नियम का अपवाद नहीं है।

बात यह है कि 'कुरुक्षेत्र' की रचना कर चुकने के बाद ही मुझमें यह भाव जगा कि मैं कोई ऐसा काव्य भी लिखूँ जिसमें केवल विचारोत्तेजकता ही नहीं, कुछ कथा-संवाद और वर्णन का भी माहात्म्य हो। स्पष्ट ही यह उस मोह का उद्‌गार था जो मेरे भीतर उस परम्परा के प्रति मौजूद रहा है जिसके सर्वश्रेष्ठ प्रतिनिधि राष्ट्रकवि श्री मैथिलीशरण जी गुप्त हैं। इस परम्परा के प्रति मेरे बहुत-से सहधर्मियों के क्या भाव हैं, इससे मैं अपरिचित नहीं हूँ। मुझे यह भी पता है कि जिन देशों अथवा दिशाओं से आज हिन्दी-काव्य की प्रेरणा पार्सल से, मोल या उधार, मँगाई जा रही है, वहाँ

कथा-काव्य की परम्परा नि:शेष हो चुकी है और जो काम पहले प्रबन्ध-काव्य करते थे, वही काम अब बड़े मज़े में, उपन्यास कर रहे हैं। किन्तु, अन्य बहुत-सी बातों की तरह, मैं एक इस बात का भी महत्त्व समझता हूँ कि भारतीय जनता के हृदय में प्रबन्ध-काव्य का प्रेम आज भी काफी प्रबल है और वह अच्छे उपन्यासों के साथ-साथ ऐसी कविताओं के लिए भी बहुत ही उत्कंठित रहती है। अगर हम इस सात्त्विक काव्य-प्रेम की उपेक्षा कर दें तो, मेरी तुच्छ सम्मति में, हिन्दी कविता के लिए यह कोई बहुत अच्छी बात नहीं होगी। परम्परा केवल वही मुख्य नहीं है जिसकी रचना बाहर हो रही है, कुछ वह भी प्रधान है जो हमें अपने पुरखों से विरासत के रूप में मिली है, जो निखिल भूमंडल के साहित्य के बीच हमारे अपने साहित्य की विशेषता है और जिसके भीतर से हम अपने हृदय को अपनी जाति के हृदय के साथ आसानी से मिला सकते हैं।

मगर, कलाकारों की रुचि आज जो कथा-काव्य की ओर नहीं जा रही है, उसका भी कारण है, और वह यह, कि विशिष्टीकरण की प्रक्रिया में लीन होते-होते कविता केवल चित्र, चिन्तन और विरल संगीत के धरातल पर जा अटकी है और जहाँ भी स्थूलता एवं वर्णन के संकट में फँसने का भय है, उस ओर कवि-कल्पना जाना नहीं चाहती। लेकिन, स्थूलता और वर्णन के संकट का मुकाबला किये बिना कथा-काव्य लिखनेवाले का काम नहीं चल सकता। कथा कहने में, अक्सर, ऐसी परिस्थितियाँ आकर मौजूद हो जाती हैं जिनका वर्णन करना तो ज़रूरी होता है, मगर, वर्णन काव्यात्मकता में व्याघात डाले बिना निभ नहीं सकता। 'रामचरितमानस', 'साकेत' और 'कामायनी' के कमज़ोर

स्थल इस बात के प्रमाण हैं। विशेषतः कामायनीकार ने शायद इसी प्रकार के संकटों से बचने के लिए कथा-सूत्र को अत्यन्त विरल कर देने की चेष्टा की थी। किन्तु, यह चेष्टा सर्वत्र सफल नहीं हो सकी।

आजकल लोग बाज़ारों से ओट्स (जई) मँगाकर खाया करते हैं। आंशिक तुलना में यह गीत और मुक्तक का आनन्द है। मगर, कथा-काव्य का आनन्द खेतों में देशी पद्धति से जई उपजाने के आनन्द के समान है; यानी इस पद्धति से जई के दाने तो मिलते ही हैं, कुछ घास और भूसा भी हाथ आता है, कुछ लहलहाती हुई हरियाली देखने का भी सुख प्राप्त होता है और हल चलाने में जो मेहनत करनी पड़ती है, उससे कुछ तन्दुरुस्ती भी बनती है।

फिर भी यह सच है कि कथा-काव्य की रचना, आदि से अन्त तक, केवल दाहिने हाथ के भरोसे नहीं की जा सकती। जब मन ऊबने लगता है और प्रतिभा आगे बढ़ने से इनकार कर देती है, तब हमारा उपेक्षित बायाँ हाथ हमारी सहायता को आगे बढ़ता है। मगर, बेचारा बायाँ हाथ तो बायाँ ही ठहरा! वह चमत्कार तो क्या दिखलाए, कवि की कठिनाइयों का कुछ परदा ही खोल देता है। और इस क्रम में खुलनेवाली कमज़ोरियों को ढँकने के लिए कवि को नाना कौशलों से काम लेना पड़ता है।

यह तो हुई महाकाव्यों की बात। अगर इस 'रश्मिरथी' काव्य को सामने रखा जाय, तो मेरे जानते इसका आरम्भ ही बायें हाथ से हुआ है और आवश्यकतानुसार अनेक बार कलम बायें से दाहिने और दाहिने से बायें हाथ में आती-जाती रही है। फिर भी, खत्म होने पर चीज़ मुझे अच्छी लगी। विशेषतः मुझे इस बात का सन्तोष है कि अपने अध्ययन

और मनन से मैं कर्ण के चरित को जैसा समझ सका हूँ, वह इस काव्य में ठीक से उतर आया है और उसके वर्णन के बहाने मैं अपने समय और समाज के विषय में जो कुछ कहना चाहता था, उसके अवसर भी मुझे यथास्थान मिल गए हैं।

इस काव्य का आरम्भ मैंने 16 फरवरी, सन् 1950 ई. को किया था। उस समय मुझे केवल इतना ही पता था कि प्रयाग के यशस्वी साहित्यकार पं. लक्ष्मीनारायण मिश्र कर्ण पर एक महाकाव्य की रचना कर रहे हैं। किन्तु, 'रश्मिरथी' के पूरा होते-होते हिन्दी में कर्ण-चरित पर कई नूतन और रमणीय काव्य निकल गए। यह युग दलितों और उपेक्षितों के उद्धार का युग है। अतएव, यह बहुत स्वाभाविक है कि राष्ट्र-भारती के जागरूक कवियों का ध्यान उस चरित की ओर जाए जो हज़ारों वर्षों से हमारे सामने उपेक्षित एवं कलंकित मानवता का मूक प्रतीक बनकर खड़ा रहा है। 'रश्मिरथी' में स्वयं कर्ण के मुख से निकला है :

मैं उनका आदर्श, कहीं जो व्यथा न खोल सकेंगे,
पूछेगा जग, किन्तु, पिता का नाम न बोल सकेंगे;
जिनका निखिल विश्व में कोई कहीं न अपना होगा,
मन में लिये उमंग जिन्हें चिर-काल कलपना होगा।

कर्ण-चरित के उद्धार की चिन्ता इस बात का प्रमाण है कि हमारे समाज में मानवीय गुणों की पहचान बढ़नेवाली है। कुल और जाति का अहंकार विदा हो रहा है। आगे, मनुष्य केवल उसी पद का अधिकारी होगा जो उसके अपने सामर्थ्य से सूचित होता है, उस पद का नहीं, जो उसके माता-पिता या वंश की देन है। इसी प्रकार, व्यक्ति अपने निजी गुणों के

कारण जिस पद का अधिकारी है, वह उसे मिलकर रहेगा, यहाँ तक कि उसके माता-पिता के दोष भी इसमें कोई बाधा नहीं डाल सकेंगे। कर्ण-चरित का उद्धार एक तरह से, नई मानवता की स्थापना का ही प्रयास है और मुझे सन्तोष है कि इस प्रयास में मैं अकेला नहीं, अपने अनेक सुयोग्य सहधर्मियों के साथ हूँ।

कर्ण का भाग्य, सचमुच, बहुत दिनों के बाद जगा है। यह उसी का परिणाम है कि उसके पार जाने के लिए आज जलयान पर जलयान तैयार हो रहे हैं। जहाज़ों के इस बड़े बेड़े में मेरी ओर से एक छोटी-सी डोंगी ही सही।

विनीत

—दिनकर

मुजफ्फरपुर

चैत्र, रामनवमी

संवत् 2009

दान जगत् का प्रकृत धर्म है, मनुज व्यर्थ डरता है,
एक रोज तो हमें स्वयं सब-कुछ देना पड़ता है।
बचते वही समय पर जो सर्वस्व दान करते हैं,
ऋतु का ज्ञान नहीं जिनको, वे देकर भी मरते हैं।

[रश्मिरथी : चतुर्थ सर्ग]

ब्रह्मण्यः सत्यवादी च तपस्वी नियतव्रतः,
रिपुष्वपिदयावांश्चतस्मात्कर्णोवृषः स्मृतः।

[श्रीकृष्णवचन]

बहुनात्र किमुक्तेन संक्षेपात् शृणु पाण्डव,
त्वत्समं त्वद्विशिष्टं वा कर्ण मन्ये महारथम्।

[श्रीकृष्णवचन]

हृदय का निष्कपट, पावन क्रिया का,
दलित-तारक, समुद्धारक त्रिया का,
बड़ा बेजोड़ दानी था, सदय था,
युधिष्ठिर! कर्ण का अदभुत हृदय था।

[रश्मिरथी : सप्तम सर्ग]

क्रम

रश्मिरथी

सूतो वा सूतपुत्रो वा या वा को वा भवाम्यहम्
दैवायत्तं कुल जन्म, मदायत्तं तु पौरुषम्।

प्रथम सर्ग

'जय हो', जग में जले जहाँ भी, नमन पुनीत अनल को,
जिस नर में भी बसे, हमारा नमन तेज को, बल को।
किसी वृन्त पर खिले विपिन में, पर, नमस्य है फूल,
सुधी खोजते नहीं गुणों का आदि, शक्ति का मूल।

ऊँच-नीच का भेद न माने, वही श्रेष्ठ ज्ञानी है,
दया-धर्म जिसमें हो, सबसे वही पूज्य प्राणी है।
क्षत्रिय वही, भरी हो जिसमें निर्भयता की आग,
सबसे श्रेष्ठ वही ब्राह्मण है, हो जिसमें तप-त्याग।

तेजस्वी सम्मान खोजते नहीं गोत्र बतलाके,
पाते हैं जग से प्रशस्ति अपना करतब दिखलाके।
हीन मूल की ओर देख जग गलत कहे या ठीक,
वीर खींचकर ही रहते हैं इतिहासों में लीक।

जिसके पिता सूर्य थे, माता कुन्ती सती कुमारी,
उसका पलना हुआ धार पर बहती हुई पिटारी।
सूत-वंश में पला, चखा भी नहीं जननि का क्षीर,
निकला कर्ण सभी युवकों में तब भी अद्भुत वीर।

तन से समर-शूर, मन से भावुक, स्वभाव से दानी,
जाति-गोत्र का नहीं, शील का, पौरुष का अभिमानी।
ज्ञान-ध्यान, शस्त्रास्त्र, शास्त्र का कर सम्यक् अभ्यास,
अपने गुण का किया कर्ण ने आप स्वयं सुविकास।

अलग नगर के कोलाहल से, अलग पुरी-पुरजन से,
कठिन साधना में उद्योगी लगा हुआ तन-मन से।
निज समाधि में निरत, सदा निज कर्मठता में चूर,
वन्य कुसुम-सा खिला कर्ण जग की आँखों से दूर।

नहीं फूलते कुसुम मात्र राजाओं के उपवन में,
अमित बार खिलते वे पुर से दूर कुञ्ज-कानन में।
समझे कौन रहस्य? प्रकृति का बड़ा अनोखा हाल,
गुदड़ी में रखती चुन-चुन कर बड़े क़ीमती लाल।

जलद-पटल में छिपा, किन्तु, रवि कब तक रह सकता है?
युग की अवहेलना शूरमा कब तक सह सकता है?
पाकर समय एक दिन आख़िर उठी जवानी जाग,
फूट पड़ी सबके समक्ष पौरुष की पहली आग।

रंग-भूमि में अर्जुन था जब समाँ अनोखा बाँधे,
बढ़ा भीड़-भीतर से सहसा कर्ण शरासन साधे।

कहता हुआ : "तालियों से क्या रहा गर्व में फूल?
अर्जुन! तेरा सुयश अभी क्षण में होता है धूल।

"तूने जो-जो किया, उसे मैं भी दिखला सकता हूँ,
चाहे तो कुछ नयी कलाएँ भी सिखला सकता हूँ।
आँख खोलकर देख, कर्ण के हाथों का व्यापार,
फूले सस्ता सुयश प्राप्त कर, उस नर को धिक्कार।"

इस प्रकार कह लगा दिखाने कर्ण कलाएँ रण की,
सभा स्तब्ध रह गयी, गयी रह आँख टँगी जन-जन की।
मन्त्र-मुग्ध-सा मौन चतुर्दिक् जन का पारावार,
गूँज रही थी मात्र कर्ण की धन्वा की टंकार।

फिरा कर्ण, त्यों 'साधु-साधु' कह उठे सकल नर-नारी।
राजवंश के नेताओं पर पड़ी विपद् अति भारी।
द्रोण, भीष्म, अर्जुन, सब फीके, सब हो रहे उदास,
एक सुयोधन बढ़ा, बोलते हुए : "वीर! शाबाश!"

द्वन्द्व-युद्ध के लिए पार्थ को फिर उसने ललकारा,
अर्जुन को चुप ही रहने का गुरु ने किया इशारा।
कृपाचार्य ने कहा : "सुनो हे वीर युवक अनजान।
भरत-वंश-अवतंस पाण्डु की अर्जुन है सन्तान।"

"क्षत्रिय है, यह राजपुत्र है, यों ही नहीं लड़ेगा,
जिस-तिस से हाथापाई में कैसे कूद पड़ेगा?
अर्जुन से लड़ना हो तो मत गहो सभा में मौन,
नाम-धाम कुछ कहो, बताओ कि तुम जाति हो कौन?"

'जाति! हाय री जाति!' कर्ण का हृदय क्षोभ से डोला,
कुपित सूर्य की ओर देख वह वीर क्रोध से बोला :
"जाति-जाति रटते, जिनकी पूँजी केवल पाषण्ड,
मैं क्या जानूँ जाति? जाति हैं ये मेरे भुजदण्ड।

"ऊपर सिर पर कनक-छत्र, भीतर काले-के-काले,
शरमाते हैं नहीं जगत् में जाति पूछनेवाले।
सूतपुत्र हूँ मैं, लेकिन, थे पिता पार्थ के कौन?
साहस हो तो कहो, ग्लानि से रह जाओ मत मौन।

"मस्तक ऊँचा किये, जाति का नाम लिये चलते हो,
पर, अधर्ममय शोषण के बल से सुख में पलते हो।
अधम जातियों से थर-थर काँपते तुम्हारे प्राण,
छल से माँग लिया करते हो अँगूठे का दान।

"पूछो मेरी जाति, शक्ति हो तो, मेरे भुजबल से,
रवि-समान दीपित ललाट से, और कवच-कुण्डल से।
पढ़ो उसे जो झलक रहा है मुझमें तेज-प्रकाश,
मेरे रोम-रोम में अंकित है मेरा इतिहास।

"अर्जुन बड़ा वीर क्षत्रिय है तो आगे वह आवे,
क्षत्रियत्व का तेज ज़रा मुझको भी तो दिखलावे।
अभी छीन इस राजपुत्र के कर से तीर-कमान,
अपनी महाजाति की दूँगा मैं तुमको पहचान।"

कृपाचार्य ने कहा : "वृथा तुम क्रुद्ध हुए जाते हो,
साधारण-सी बात, उसे भी समझ नहीं पाते हो?

राजपुत्र से लड़े बिना होता हो अगर अकाज,
अर्जित करना तुम्हें चाहिए पहले कोई राज।"

कर्ण हतप्रभ हुआ तनिक, मन-ही-मन कुछ भरमाया,
सह न सका अन्याय, सुयोधन बढ़ कर आगे आया।
बोला : "बड़ा पाप है करना, इस प्रकार, अपमान,
उस नर का जो दीप रहा हो, सचमुच, सूर्य-समान।

"मूल जानना बड़ा कठिन है नदियों का, वीरों का,
धनुष छोड़कर और गोत्र क्या होता रणधीरों का?
पाते हैं सम्मान तपोबल से भूतल पर शूर,
'जाति-जाति' का शोर मचाते केवल कायर, क्रूर।

"किसने देखा नहीं, कर्ण जब निकल भीड़ से आया,
अनायास आतंक एक सम्पूर्ण सभा पर छाया?
कर्ण भले ही सूत-पुत्र हो अथवा श्वपच, चमार,
मलिन, मगर, इसके आगे हैं सारे राजकुमार।

"करना क्या अपमान ठीक है इस अनमोल रतन का,
मानवता की इस विभूति का, धरती के इस धन का?
बिना राज्य यदि नहीं वीरता का इसको अधिकार,
तो मेरी यह खुली घोषणा सुने सकल संसार।

"अंगदेश का मुकुट कर्ण के मस्तक पर धरता हूँ,
एक राज्य इस महावीर के हित अर्पित करता हूँ"
रखा कर्ण के सिर पर उसने अपना मुकुट उतार,
गूँजी रंगभूमि में दुर्योधन की जय-जयकार।

कर्ण चकित रह गया सुयोधन की इस परम कृपा से,
फूट पड़ा मारे कृतज्ञता के भर उसे भुजा से।
दुर्योधन ने हृदय लगाकर कहा : "बन्धु! हो शान्त,
मेरे इस क्षुद्रोपहार से क्यों होता उद्भ्रान्त?

"किया कौन-सा त्याग अनोखा, दिया राज यदि तुझको?
अरे, धन्य हो जायँ प्राण, तू ग्रहण करे यदि मुझको।"
कर्ण और गल गया : "हाय, मुझपर भी इतना स्नेह!
वीर बन्धु! हम हुए आज से एक प्राण, दो देह।

"भरी सभा के बीच आज तूने जो मान दिया है,
पहले-पहल मुझे जीवन में जो उत्थान दिया है,
उऋण भला होऊँगा उससे चुका कौन-सा दाम?
कृपा करें दिनमान कि आऊँ तेरे कोई काम।"

घेर खड़े हो गये कर्ण को मुदित, मुग्ध पुरवासी,
होते ही हैं लोग शूरता-पूजन के अभिलाषी।
चाहे जो भी कहे द्वेष, ईर्ष्या, मिथ्या, अभिमान,
जनता निज आराध्य वीर को, पर लेती पहचान।

लगे लोग पूजने कर्ण को कुंकुम और कमल से,
रंग-भूमि भर गयी चतुर्दिक् पुलकाकुल कलकल से।
विनयपूर्ण प्रतिवन्दन में ज्यों झुका कर्ण सविशेष,
जनता विकल पुकार उठी : 'जय महाराज अंगेश!'

'महाराज अंगेश!' तीर-सा लगा हृदय में जा के,
विफल क्रोध में कहा भीम ने और नहीं कुछ पा के :

"हय की झाड़े पूँछ, आज तक रहा यही तो काज,
सूतपुत्र किस तरह चला पायेगा कोई राज?"

दुर्योधन ने कहा : "भीम! झूठे बकबक करते हो,
कहलाते धर्मज्ञ, द्वेष का विष मन में धरते हो।
बड़े वंश से क्या होता है, खोटे हों यदि काम?
नर का गुण उज्ज्वल चरित्र है, नहीं वंश-धन-धाम।

"सचमुच ही तो कहा कर्ण ने, तुम्हीं कौन हो, बोलो?
जनमें थे किस तरह, ज्ञात हो, तो रहस्य यह खोलो?
अपना अवगुण नहीं देखता, अजब जगत् का हाल,
निज आँखों से नहीं सूझता, सच है, अपना भाल।"

कृपाचार्य आ पड़े बीच में, बोले : "छिः! यह क्या है?
तुम लोगों में बची नाम को भी क्या नहीं हया है?
चलो, चलें घर को, देखो; होने को आयी शाम,
थके हुए होगे तुम सब, चाहिए तुम्हें आराम।"

रंग-भूमि से चले सभी पुरवासी मोद मनाते,
कोई कर्ण, पार्थ का कोई—गुण आपस में गाते।
सबसे अलग चले अर्जुन को लिये हुए गुरु द्रोण,
कहते हुए : "पार्थ! पहुँचा यह राहु नया फिर कौन?

"जनमे नहीं जगत् में अर्जुन! कोई प्रतिबल तेरा,
टँगा रहा है एक इसी पर ध्यान आज तक मेरा।
एकलव्य से लिया अँगूठा, कढ़ी न मुख से आह,
रखा चाहता हूँ निष्कण्टक बेटा! तेरी राह।

"मगर, आज जो कुछ देखा, उससे धीरज हिलता है,
मुझे कर्ण में चरम वीरता का लक्षण मिलता है।
बढ़ता गया अगर निष्कण्टक यह उद्भट भट बाल,
अर्जुन! तेरे लिए कभी वह हो सकता है काल!

"सोच रहा हूँ क्या उपाय, मैं इसके साथ करूँगा,
इस प्रचण्डतम धूमकेतु का कैसे तेज हरूँगा?
शिष्य बनाऊँगा न कर्ण को, यह निश्चित है बात;
रखना ध्यान विकट प्रतिभट का, पर तू भी हे तात!"

रंगभूमि से लिये कर्ण को, कौरव शंख बजाते,
चले झूमते हुए खुशी में गाते, मौज मनाते।
कञ्चन के युग शैल-शिखर-सम सुगठित, सुघर, सुवर्ण,
गलबाँही दे चले परस्पर दुर्योधन औ' कर्ण।

बड़ी तृप्ति के साथ सूर्य शीतल अस्ताचल पर से,
चूम रहे थे अंग पुत्र का स्निग्ध-सुकोमल कर से।
आज न था प्रिय उन्हें दिवस का समय-सिद्ध अवसान,
विरम गया क्षण एक क्षितिज पर गति को छोड़ विमान।

और हाय, रनिवास चला वापस जब राजभवन को,
सबके पीछे चलीं एक विकला मसोसती मन को।
उजड़ गये हों स्वप्न कि जैसे हार गई हों दाँव,
नहीं उठाये भी उठ पाते थे कुन्ती के पाँव।

द्वितीय सर्ग

शीतल, विरल एक कानन शोभित अधित्यका के ऊपर,
कहीं उत्स-प्रस्रवण चमकते, झरते कहीं शुभ्र निर्झर।
जहाँ भूमि समतल, सुन्दर है, नहीं दीखते हैं पाहन,
हरियाली के बीच खड़ा है, विस्तृत एक उटज पावन।

आस-पास कुछ कटे हुए पीले धनखेत सुहाते हैं,
शशक, मूस, गिलहरी, कबूतर घूम-घूम कण खाते हैं,
कुछ तन्द्रिल, अलसित बैठे हैं, कुछ करते शिशु का लेहन,
कुछ खाते शाकल्य, दीखते बड़े तुष्ट सारे गोधन।

हवन-अग्नि बुझ चुकी, गन्ध से वायु, अभी, पर, माती है,
भीनी-भीनी महक प्राण में मादकता पहुँचाती है।
धूप-धूम-चर्चित लगते हैं तरु के श्याम छदन कैसे?
झपक रहे हों शिशु के अलसित कजरारे लोचन जैसे।

बैठे हुए सुखद आतप में मृग रोमंथन करते हैं,
वन के जीव विवर से बाहर हो विश्रब्ध विचरते हैं।
सूख रहे चीवर, रसाल की नन्ही झुकी टहनियों पर,
नीचे बिखरे हुए पड़े हैं इंगुद से चिकने पत्थर।

अजिन, दर्भ, पालाश, कमण्डलु—एक ओर तप के साधन,
एक ओर हैं टँगे धनुष, तूणीर, तीर, बरछे भीषण।
चमक रहा तृण-कुटी-द्वार पर एक परशु आभाशाली,
लौह-दण्ड पर जड़ित पड़ा हो, मानो, अर्ध अंशुमाली।

श्रद्धा बढ़ती अजिन-दर्भ पर, परशु देख मन डरता है,
युद्ध-शिविर या तपोभूमि यह, समझ नहीं कुछ पड़ता है।
हवन-कुण्ड जिसका यह, उसके ही क्या हैं ये धनुष-कुठार?
जिस मुनि की यह स्रुवा, उसी की कैसे हो सकती तलवार?

आयी है वीरता तपोवन में क्या पुण्य कमाने को?
या संन्यास साधना में है दैहिक शक्ति जगाने को?
मन ने तन का सिद्ध-यन्त्र अथवा शस्त्रों में पाया है?
या कि वीर कोई योगी से युक्ति सीखने आया है?

परशु और तप, ये दोनों वीरों के ही होते शृंगार,
क्लीव न तो तप ही करता है, न तो उठा सकता तलवार।
तप से मनुज दिव्य बनता है, षड् विकार से लड़ता है,
तन की समरभूमि में लेकिन, काम खड्ग ही करता है।

किन्तु, कौन नर तपोनिष्ठ है यहाँ धनुष धरनेवाला?
एक साथ यज्ञाग्नि और असि की पूजा करनेवाला?

कहता है इतिहास, जगत् में हुआ एक ही नर ऐसा,
रण में कुटिल काल-सम क्रोधी, तप में महासूर्य-जैसा!

मुख में वेद, पीठ पर तरकस, कर में कठिन कुठार विमल,
शाप और शर, दोनों ही थे, जिस महान् ऋषि के सम्बल।
यह कुटीर है उसी महामुनि परशुराम बलशाली का,
भृगु के परम पुनीत वंशधर, व्रती, वीर, प्रणपाली का।

हाँ-हाँ, वही, कर्ण की जाँघों पर अपना मस्तक धरकर,
सोये हैं तरुवर के नीचे, आश्रम से किञ्चित हटकर।
पत्तों से छन-छन कर मीठी धूप माघ की आती है,
पड़ती मुनि की थकी देह पर और थकान मिटाती है।

कर्ण मुग्ध हो भक्ति-भाव में मग्न हुआ-सा जाता है,
कभी जटा पर हाथ फेरता, पीठ कभी सहलाता है।
चढ़ें नहीं चींटियाँ बदन पर, पड़े नहीं तृण-पात कहीं,
कर्ण सजग है, उचट जाय गुरुवर की कच्ची नींद नहीं।

"वृद्ध देह, तप से कृश काया, उसपर आयुध-संचालन,
हाय, पड़ा श्रम-भार देव पर असमय यह मेरे कारण।
किन्तु, वृद्ध होने पर भी अंगों में है क्षमता कितनी,
और रात-दिन मुझपर दिखलाते रहते ममता कितनी।

"कहते हैं : 'ओ वत्स! पुष्टिकर भोग न तू यदि खायेगा,
मेरे शिक्षण की कठोरता को कैसे सह पायेगा?
अनुगामी यदि बना कहीं तू खान-पान में भी मेरा,
सूख जायगा लहू, बचेगा हड्डी-भर ढाँचा तेरा।

" 'ज़रा सोच, कितनी कठोरता से मैं तुझे चलाता हूँ,
और नहीं तो एक पाव दिन भर में रक्त जलाता हूँ।
इसकी पूर्ति कहाँ से होगी, बना अगर तू संन्यासी,
इस प्रकार तो चबा जायगी तुझे भूख सत्यानाशी।

" 'पत्थर-सी हों मांसपेशियाँ, लोहे-से भुजदण्ड अभय,
नस-नस में हो लहर आग की, तभी जवानी पाती जय।
विप्र हुआ तो क्या, रक्खेगा रोक अभी से खाने पर?
कर लेना घनघोर तपस्या वय चतुर्थ के आने पर?

" 'ब्राह्मण का है धर्म त्याग, पर, क्या बालक भी त्यागी हों?
जन्म साथ, शिलोञ्छवृत्ति के ही क्या वे अनुरागी हों?
क्या विचित्र रचना समाज की, गिरा ज्ञान ब्राह्मण-घर में,
मोती बरसा वैश्य-वेश्म में, पड़ा खड्ग क्षत्रिय-कर में।

" 'खड्ग बड़ा उद्धत होता है, उद्धत होते हैं, राजे,
इसीलिए तो सदा बजाते रहते वे रण के बाजे।
और करे ज्ञानी ब्राह्मण क्या? असिविहीन मन डरता है,
राजा देता मान, भूप का वह भी आदर करता है।

" 'सुनता कौन यहाँ ब्राह्मण की, करते सब अपने मन की,
डुबो रही शोणित में भू को भूपों की लिप्सा रण की।
औ' रण भी किसलिए? नहीं जग से दुःख-दैन्य भगाने को,
परशोषक, पथ-भ्रान्त मनुज को नहीं धर्म पर लाने को।

" 'रण केवल इसलिए कि राजे और सुखी हों, मानी हों,
और प्रजाएँ मिलें उन्हें, वे और अधिक अभिमानी हों।

रण केवल इसलिए कि वे कल्पित अभाव से छूट सकें,
बढ़े राज्य की सीमा, जिससे अधिक जनों को लूट सकें।

" 'रण केवल इसलिए कि सत्ता बढ़े, नहीं पत्ता डोले,
भूपों के विपरीत न कोई कहीं कभी कुछ भी बोले।
ज्यों-ज्यों मिलती विजय, अहं नरपति का बढ़ता जाता है,
और ज़ोर से वह समाज से सिर पर चढ़ता जाता है।

" 'अब तो है यह दशा कि जो कुछ है, वह राजा का बल है,
ब्राह्मण खड़ा सामने केवल लिये शंख-गंगाजल है।
कहाँ तेज ब्राह्मण में, अविवेकी राजा को रोक सके,
धरे कुपथ पर जभी पाँव वह, तत्क्षण उसको टोक सके?

" 'और कहे भी तो ब्राह्मण की बात कौन सुन पाता है?
यहाँ रोज़ राजा ब्राह्मण को अपमानित करवाता है।
चलती नहीं यहाँ पण्डित की, चलती नहीं तपस्वी की,
जय पुकारती प्रजा रात-दिन राजा जयी-यशस्वी की।

" 'सिर था जो सारे समाज का, वही अनादर पाता है,
जो भी खिलता फूल, भुजा के ऊपर चढ़ता जाता है।
चारों ओर लोभ की ज्वाला, चारों ओर भोग की जय,
पाप-भार से दबी धँसी जा रही धरा पल-पल निश्चय।

" 'जब तक भोगी भूप प्रजाओं के नेता कहलायेंगे,
ज्ञान, त्याग, तप नहीं श्रेष्ठता का जब तक पद पायेंगे।
अशन-वसन से हीन, दीनता में जीवन धरनेवाले,
सहकर भी अपमान मनुजता की चिन्ता करनेवाले,

" 'कवि, कोविद, विज्ञान-विशारद, कलाकार, पण्डित- ज्ञानी,
कनक नहीं, कल्पना, ज्ञान, उज्ज्वल चरित्र के अभिमानी,
इन विभूतियों को जब तक संसार नहीं पहचानेगा,
राजाओं से अधिक पूज्य जब तक न इन्हें वह मानेगा,

" 'तब तक पड़ी आग में धरती, इसी तरह अकुलायेगी,
चाहे जो भी करे, दु:खों से छूट नहीं वह पायेगी।
थकी जीभ समझाकर, गहरी लगी ठेस अभिलाषा को,
भूप समझता नहीं और कुछ छोड़ खड्ग की भाषा को।

" 'रोक-टोक से नहीं सुनेगा, नृप-समाज अविचारी है,
ग्रीवाहर, निष्ठुर कुठार का यह मदान्ध अधिकारी है।
इसीलिए तो मैं कहता हूँ, अरे ज्ञानियो! खड्ग धरो,
हर न सका जिसको कोई भी, भू का वह तुम त्रास हरो।'

"नित्य कहा करते हैं गुरुवर, 'खड्ग महाभयकारी है,
इसे उठाने का जग में हर एक नहीं अधिकारी है।
वही उठा सकता है इसको, जो कठोर हो, कोमल भी,
जिसमें हो धीरता, वीरता और तपस्या का बल भी।

" 'वीर वही है जो कि शत्रु पर जब भी खड्ग उठाता है,
मानवता के महागुणों की सत्ता भूल न जाता है।
सीमित जो रख सके खड्ग को, पास उसीको आने दो,
विप्रजाति के सिवा किसी को मत तलवार उठाने दो।'

" 'जब-जब मैं शर-चाप उठाकर करतब कुछ दिखलाता हूँ,
सुनकर आशीर्वाद देव का, धन्य-धन्य हो जाता हूँ :

'जियो, जियो अय वत्स! तीर तुमने कैसा यह मारा है,
दहक उठा वन उधर, इधर फूटी निर्झर की धारा है।

" 'मैं शंकित था, ब्राह्म वीरता मेरे साथ मरेगी क्या,
परशुराम की याद विप्र की जाति न जुगा धरेगी क्या?
पाकर तुम्हें किन्तु, इस वन में, मेरा हृदय हुआ शीतल,
तुम अवश्य ढोओगे उसको मुझमें है जो तेज, अनल।

" 'जियो, जियो, ब्राह्मणकुमार! तुम अक्षय कीर्ति कमाओगे,
एक बार तुम भी धरती को निःक्षत्रिय कर जाओगे।
निश्चय, तुम ब्राह्मणकुमार हो, कवच और कुण्डल-धारी,
तप कर सकते और पिता-माता किसके इतने भारी?'

"किन्तु, हाय, 'ब्राह्मणकुमार' सुन प्राण काँपने लगते हैं,
मन उठता धिक्कार, हृदय में भाव ग्लानि के जगते हैं।
गुरु का प्रेम किसी को भी क्या ऐसे कभी खला होगा?
और शिष्य ने कभी किसी गुरु को इस तरह छला होगा?

"पर, मेरा क्या दोष? हाय! मैं और दूसरा क्या करता?
पी सारा अपमान, द्रोण के मैं कैसे पैरों पड़ता?
और पाँव पड़ने से भी क्या गूढ़ ज्ञान सिखलाते वे?
एकलव्य-सा नहीं अँगूठा क्या मेरा कटवाते वे?

"हाय, कर्ण, तू क्यों जन्मा था? जन्मा तो क्यों वीर हुआ?
कवच और कुण्डल-भूषित भी तेरा अधम शरीर हुआ।
धँस जाये वह देश अतल में, गुण की जहाँ नहीं पहचान,
जाति-गोत्र के बल से ही आदर पाते हैं जहाँ सुजान।

"नहीं पूछता है कोई, तुम व्रती, वीर या दानी हो?
सभी पूछते मात्र यही, तुम किस कुल के अभिमानी हो?
मगर, मनुज क्या करे? जन्म लेना तो उसके हाथ नहीं,
चुनना जाति और कुल अपने बस की तो है बात नहीं।

"मैं कहता हूँ, अगर विधाता नर को मुट्ठी में भरकर,
कहीं छींट दे ब्रह्मलोक से ही नीचे भूमण्डल पर,
तो भी विविध जातियों में ही मनुज यहाँ आ सकता है,
नीचे हैं क्यारियाँ बनीं, तो बीज कहाँ जा सकता है।

"कौन जन्म लेता किस कुल में? आकस्मिक ही है यह बात,
छोटे कुल पर, किन्तु, यहाँ होते तब भी कितने आघात!
हाय, जाति छोटी है, तो फिर सभी हमारे गुण छोटे,
जाति बड़ी, तो बड़े बनें वे, रहें लाख चाहे खोटे।"

गुरु को लिये कर्ण चिन्तन में था जब मग्न अचल बैठा,
तभी एक विषकीट कहीं से आसन के नीचे पैठा।
वज्रदंष्ट्र वह लगा कर्ण के उरु को कुतर-कुतर खाने,
और बनाकर छिद्र मांस में मन्द-मन्द भीतर जाने।

कर्ण विकल हो उठा, दुष्ट भौंरे पर हाथ धरे कैसे,
बिना हिलाये अंग, कीट को किसी तरह पकड़े कैसे?
पर, भीतर उस धँसे कीट तक हाथ नहीं जा सकता था,
बिना उठाये पाँव शत्रु को कर्ण नहीं पा सकता था।

किन्तु, पाँव के हिलते ही गुरुवर की नींद उचट जाती,
सहम गयी यह सोच कर्ण की भक्ति-पूर्ण विह्वल छाती।

सोचा उसने, अतः, कीट यह पिये रक्त, पीने दूँगा,
गुरु की कच्ची नींद तोड़ने का, पर, पाप नहीं लूँगा।

बैठा रहा अचल आसन से कर्ण बहुत मन को मारे,
आह निकाले बिना, शिला-सी सहनशीलता को धारे।
किन्तु, लहू की गर्म धार जो सहसा आन लगी तन में,
परशुराम जग पड़े, रक्त को देख हुए विस्मित मन में।

कर्ण झपटकर उठा इंगितों में गुरु से आज्ञा लेकर,
बाहर किया कीट को उसने क्षत में से उँगली देकर।
परशुराम बोले : "शिव! शिव! तूने यह की मूर्खता बड़ी,
सहता रहा अचल, जानें कब से, ऐसी वेदना कड़ी।"

तनिक लजाकर कहा कर्ण ने : "नहीं अधिक पीड़ा मुझको,
महाराज, क्या कर सकता है यह छोटा कीड़ा मुझको?
मैंने सोचा, हिला-डुला तो वृथा आप जग जायेंगे,
क्षण भर को विश्राम मिला जो नाहक उसे गँवायेंगे।

"निश्चल बैठा रहा, सोच, यह कीट स्वयं उड़ जायेगा,
छोटा-सा यह जीव मुझे कितनी पीड़ा पहुँचायेगा?
पर, यह तो भीतर धँसता ही गया, मुझे हैरान किया,
लज्जित हूँ इसलिए कि सब कुछ स्वयं आपने देख लिया।"

परशुराम गम्भीर हो गये सोच न जानें क्या मन में,
फिर सहसा क्रोधाग्नि भयानक भभक उठी उनके तन में।
दाँत पीस, आँखें तरेरकर बोले : "कौन छली है तू?
ब्राह्मण है या और किसी अभिजन का पुत्र बली है तू?

"सहनशीलता को अपनाकर ब्राह्मण कभी न जीता है,
किसी लक्ष्य के लिए नहीं अपमान-हलाहल पीता है।
सह सकता जो कठिन वेदना, पी सकता अपमान वही,
बुद्धि चलाती जिसे, तेज का कर सकता बलिदान वही।

"तेज-पुञ्ज ब्राह्मण तिल-तिल कर जले, नहीं यह हो सकता,
किसी दशा में भी स्वभाव अपना वह कैसे खो सकता?
कसक भोगता हुआ विप्र निश्चल कैसे रह सकता है?
इस प्रकार की चुभन, वेदना क्षत्रिय ही सह सकता है।

"तू अवश्य क्षत्रिय है, पापी! बता, न तो, फल पायेगा,
परशुराम के कठिन शाप से अभी भस्म हो जायेगा।"
"क्षमा, क्षमा, हे देव दयामय!" गिरा कर्ण गुरु के पद पर,
मुख विवर्ण हो गया, अंग काँपने लगे भय से थर-थर।

"सूत-पुत्र मैं शूद्र कर्ण हूँ, करुणा का अभिलाषी हूँ,
जो भी हूँ, पर, देव, आपका अनुचर अन्तेवासी हूँ।
छली नहीं मैं, हाय, किन्तु, छल का ही तो यह काम हुआ,
आया था विद्या-संचय को, किन्तु, व्यर्थ बदनाम हुआ।

"बड़ा लोभ था, बनूँ शिष्य मैं कार्त्तवीर्य के जेता का,
तपोदीप्त शूरमा, विश्व के नूतन धर्म-प्रणेता का।
पर, शंका थी मुझे, सत्य का अगर पता पा जायेंगे,
महाराज मुझ सूत-पुत्र को कुछ भी नहीं सिखायेंगे।

"बता सका मैं नहीं इसीसे प्रभो! जाति अपनी छोटी,
करें देव विश्वास, भावना और न थी कोई खोटी।

पर इतने से भी लज्जा में हाय, गड़ा-सा जाता हूँ,
मारे बिना हृदय में अपने-आप मरा-सा जाता हूँ।

"छल से पाना मान जगत् में किल्विष है, मल ही तो है,
ऊँचा बना आपके आगे, सचमुच, यह छल ही तो है।
पाता था सम्मान आज तक दानी, व्रती, बली होकर,
अब जाऊँगा कहाँ स्वयं गुरु के सामने छली होकर?

"करें भस्म ही मुझे देव! सम्मुख है मस्तक नत मेरा,
एक कसक रह गयी, नहीं पूरा जीवन का व्रत मेरा।
गुरु की कृपा! शाप से जलकर अभी भस्म हो जाऊँगा,
पर, मदान्ध अर्जुन का मस्तक देव! कहाँ मैं पाऊँगा?

"यह तृष्णा, यह विजय-कामना, मुझे छोड़ क्या पायेगी?
प्रभु, अतृप्त वासना मरे पर भी मुझको भरमायेगी।
दुर्योधन की हार देवता! कैसे सहन करूँगा मैं?
अभय देख अर्जुन को मरकर भी तो रोज़ मरूँगा मैं।

"परशुराम का शिष्य कर्ण, पर, जीवन-दान न माँगेगा,
बड़ी शान्ति के साथ चरण को पकड़ प्राण निज त्यागेगा।
प्रस्तुत हूँ, दें शाप, किन्तु, अन्तिम सुख तो यह पाने दें,
इन्हीं पाद-पद्मों के ऊपर मुझको प्राण गँवाने दें।"

लिपट गया गुरु के चरणों से विकल कर्ण इतना कहकर,
दो कणिकाएँ गिरीं अश्रु की गुरु की आँखों से बहकर।
बोले : "हाय, कर्ण, तू ही प्रतिभट अर्जुन का नामी है?
निश्छल सखा धार्त्तराष्ट्रों का, विश्व-विजय का कामी है?

"अब समझा, किसलिए रात-दिन तू वैसा श्रम करता था,
मेरे शब्द-शब्द को मन में क्यों सीपी-सा धरता था।
देखे अगणित शिष्य, द्रोण को भी करतब कुछ सिखलाया,
पर, तुझ-सा जिज्ञासु आज तक कभी नहीं मैंने पाया।

"तूने जीत लिया था मुझको निज पवित्रता के बल से,
क्या था पता, लूटने आया है कोई मुझको छल से?
किसी और पर नहीं किया, वैसा सनेह मैं करता था,
सोने पर भी धनुर्वेद का ज्ञान कान में भरता था।

"नहीं किया कार्पण्य, दिया जो कुछ था मेरे पास रतन,
तुझमें निज को सौंप शान्त हो, अभी-अभी प्रमुदित था मन।
पापी, बोल, अभी भी मुख से, तू न सूत, रथचालक है,
परशुराम का शिष्य विक्रमी, **विप्रवंश** का बालक है।

"सूत-वंश में मिला सूर्य-सा कैसे तेज प्रबल तुझको?
किसने लाकर दिये, कहाँ से, कवच और कुण्डल तुझको?
सुत-सा रखा जिसे, उसको कैसे कठोर हो मारूँ मैं?
जलते हुए क्रोध की ज्वाला, लेकिन, कहाँ उतारूँ मैं?"

पद पर बोला कर्ण : "दिया था जिसको आँखों का पानी,
करना होगा ग्रहण उसी को अनल आज हे गुरु ज्ञानी।
बरसाइए अनल आँखों से, सिर पर उसे सँभालूँगा,
दण्ड भोग, जलकर मुनिसत्तम! छल का पाप छुड़ा लूँगा।"

परशुराम ने कहा : "कर्ण! तू बेध नहीं मुझको ऐसे,
तुझे पता क्या, सता रहा है मुझको असमंजस कैसे?

पर, तूने छल किया, दण्ड उसका, अवश्य ही पायेगा,
परशुराम का क्रोध भयानक निष्फल कभी न जायेगा।

"माना लिया था पुत्र, इसीसे प्राण-दान तो देता हूँ,
पर, अपनी विद्या का अन्तिम, चरम तेज, हर लेता हूँ,
सिखलाया ब्रह्मास्त्र तुझे जो, काम नहीं वह आयेगा,
है यह मेरा शाप, समय पर उसे भूल तू जायेगा।"

कर्ण विकल हो खड़ा हुआ कह "हाय, किया यह क्या गुरुवर?
दिया शाप अत्यन्त निदारुण, लिया नहीं जीवन क्यों हर?
वर्षों की साधना, साथ ही प्राण नहीं क्यों लेते हैं?
अब किस सुख के लिए मुझे धरती पर जीने देते हैं?"

परशुराम ने कहा : "कर्ण! यह शाप अटल है, सहन करो,
जो कुछ मैंने कहा, उसे सिर पर ले सादर वहन करो।
इस महेन्द्र-गिरि पर तुमने कुछ थोड़ा नहीं कमाया है,
मेरा संचित निखिल ज्ञान तूने मुझसे ही पाया है।

"रहा नहीं ब्रह्मास्त्र एक, इससे क्या आता-जाता है?
एक शस्त्र-बल से न वीर, कोई सब दिन कहलाता है।
नयी कला, नूतन रचनाएँ, नयी सूझ, नूतन साधन,
नये भाव, नूतन उमंग से, वीर बने रहते नूतन।

"तुम तो स्वयं दीप्त पौरुष हो कवच और कुण्डल-धारी,
इनके रहते तुम्हें जीत पायेगा कौन सुभट भारी?
अच्छा, लो वर भी, कि विश्व में तुम महान् कहलाओगे,
भारत का इतिहास कीर्ति से और धवल कर जाओगे।

"अब जाओ, लो विदा वत्स, कुछ कड़ा करो अपने मन को,
रहने देते नहीं यहाँ पर हम अभिशप्त किसी जन को।
हाय, छीनना पड़ा मुझी को, दिया हुआ अपना ही धन,
सोच-सोच यह बहुत विकल हो रहा, नहीं जानें, क्यों मन?

"व्रत का, पर, निर्वाह कभी ऐसे भी करना होता है;
इस कर से जो दिया, उसे उस कर से हरना होता है।
अब जाओ तुम कर्ण! कृपा करके मुझको निःसंग करो,
देखो मत यों सजल दृष्टि से, व्रत मेरा मत भंग करो।

"आह, बुद्धि कहती कि ठीक था, जो कुछ किया, परन्तु, हृदय
मुझसे कर विद्रोह तुम्हारी मना रहा, जानें क्यों, जय?
अनायास गुण-शील तुम्हारे, मन में उगते आते हैं,
भीतर किसी अश्रु-गंगा में मुझे बोर नहलाते हैं।

"जाओ, जाओ कर्ण! मुझे बिलकुल असंग हो जाने दो,
बैठ किसी एकान्त कुञ्ज में मन को स्वस्थ बनाने दो।
भय है, तुम्हें निराश देखकर छाती कहीं न फट जाये,
फिरा न लूँ अभिशाप, पिघलकर वाणी नहीं उलट जाये।"

इस प्रकार कह परशुराम ने फिरा लिया आनन अपना,
जहाँ मिला था, वहीं कर्ण का बिखर गया प्यारा सपना।
छूकर उनका चरण कर्ण ने अर्घ्य अश्रु का दान किया,
और उन्हें जी भर निहारकर मन्द-मन्द प्रस्थान किया।

परशुधर के चरण की धूलि लेकर,
उन्हें अपने हृदय की भक्ति देकर,
निराशा से विकल, टूटा हुआ-सा,
किसी गिरि-शृंग से छूटा हुआ-सा,
चला खोया हुआ-सा कर्ण मन में,
कि जैसे चाँद चलता हो गहन में।

तृतीय सर्ग

[1]

हो गया पूर्ण अज्ञात वास,
पाण्डव लौटे वन से सहास,
पावक में कनक-सदृश तप कर,
वीरत्व लिये कुछ और प्रखर,
नस-नस में तेज-प्रवाह लिये,
कुछ और नया उत्साह लिये।

सच है, विपत्ति जब आती है,
कायर को ही दहलाती है,
शूरमा नहीं विचलित होते,
क्षण एक नहीं धीरज खोते,
विघ्नों को गले लगाते हैं,
काँटों में राह बनाते हैं।

मुख से न कभी उफ़ कहते हैं,
संकट का चरण न गहते हैं,
जो आ पड़ता, सब सहते हैं,
उद्योग-निरत नित रहते हैं,
शूलों का मूल नसाने को,
बढ़ खुद विपत्ति पर छाने को।

है कौन विघ्न ऐसा जग में,
टिक सके वीर नर के मग में?
खम ठोंक ठेलता है जब नर,
पर्वत के जाते पाँव उखड़।
मानव जब ज़ोर लगाता है,
पत्थर पानी बन जाता है।

गुण बड़े एक से एक प्रखर,
हैं छिपे मानवों के भीतर,
मेहँदी में जैसे लाली हो,
वर्त्तिका-बीच उजियाली हो।
बत्ती जो नहीं जलाता है;
रोशनी नहीं वह पाता है।

पीसा जाता जब इक्षु-दण्ड,
झरती रस की धारा अखण्ड,
मेहँदी जब सहती है प्रहार,
बनती ललनाओं का सिंगार।
जब फूल पिरोये जाते हैं,
हम उनको गले लगाते हैं।

वसुधा का नेता कौन हुआ?
भूखण्ड - विजेता कौन हुआ?
अतुलित यश-क्रेता कौन हुआ?
नव - धर्म - प्रणेता कौन हुआ?
जिसने न कभी आराम किया,
विघ्नों में रहकर नाम किया।

जब विघ्न सामने आते हैं,
सोते से हमें जगाते हैं,
मन को मरोड़ते हैं पल-पल,
तन को झँझोरते हैं पल-पल।
सत्पथ की ओर लगाकर ही,
जाते हैं हमें जगाकर ही।

वाटिका और वन एक नहीं,
आराम और रण एक नहीं,
वर्षा, अन्धड़, आतप अखण्ड,
पौरुष के हैं साधन प्रचण्ड।
वन में प्रसून तो खिलते हैं,
बाग़ों में शाल न मिलते हैं।

कंकरियाँ जिनकी सेज सुघर,
छाया देता केवल अम्बर,
विपदाएँ दूध पिलाती हैं,
लोरी आँधियाँ सुनाती हैं।
जो लाक्षा-गृह में जलते हैं,
वे ही शूरमा निकलते हैं।

बढ़कर विपत्तियों पर छा जा,
मेरे किशोर! मेरे ताज़ा!
जीवन का रस छन जाने दे,
तन को पत्थर बन जाने दे।
तू स्वयं तेज भयकारी है,
क्या कर सकती चिनगारी है?

[2]

वर्षों तक वन में घूम-घूम,
बाधा-विघ्नों को चूम-चूम,
सह धूप-घाम, पानी-पत्थर,
पाण्डव आये कुछ और निखर।
सौभाग्य न सब दिन सोता है,
देखें, आगे क्या होता है?

मैत्री की राह बताने को,
सबको सुमार्ग पर लाने को,
दुर्योधन को समझाने को,
भीषण विध्वंस बचाने को,
भगवान् हस्तिनापुर आये,
पाण्डव का सन्देशा लाये।

"दो न्याय अगर, तो आधा दो,
पर, इसमें भी यदि बाधा हो,
तो दे दो केवल पाँच ग्राम,
रक्खो अपनी धरती तमाम।
हम वही खुशी से खायेंगे,
परिजन पर असि न उठायेंगे।"

दुर्योधन वह भी दे न सका,
आशिष समाज की ले न सका,
उलटे, हरि को बाँधने चला,
जो था असाध्य, साधने चला।
जब नाश मनुज पर छाता है,
पहले विवेक मर जाता है।

हरि ने भीषण हुंकार किया,
अपना स्वरूप-विस्तार किया,
डगमग-डगमग दिग्गज डोले,
भगवान् कुपित होकर बोले :
"ज़ंजीर बढ़ा कर साध मुझे,
हाँ-हाँ, दुर्योधन! बाँध मुझे।

"यह देख, गगन मुझमें लय है,
यह देख, पवन मुझमें लय है,
मुझमें विलीन झंकार सकल,
मुझमें लय है संसार सकल।
अमरत्व फूलता है मुझमें,
संहार झूलता है मुझमें।

"उदयाचल मेरा दीप्त भाल,
भूमण्डल वक्ष:स्थल विशाल,
भुज परिधि-बन्ध को घेरे हैं,
मैनाक-मेरु पग मेरे हैं।
दिपते जो ग्रह-नक्षत्र-निकर,
सब हैं मेरे मुख के अन्दर।

"दृग हों तो दृश्य अकाण्ड देख,
मुझमें सारा ब्रह्माण्ड देख,
चर-अचर जीव, जग क्षर-अक्षर,
नश्वर मनुष्य, सुरजाति अमर,
शत कोटि सूर्य, शत कोटि चन्द्र,
शत कोटि सरित, सर, सिन्धु, मन्द्र;

"शत कोटि विष्णु, ब्रह्मा, महेश,
शत कोटि जिष्णु, जलपति धनेश,
शत कोटि रुद्र, शत कोटि काल,
शत कोटि दण्डधर लोकपाल।
ज़ंजीर बढ़ाकर साध इन्हें,
हाँ-हाँ, दुर्योधन! बाँध इन्हें।

"भूलोक, अतल पाताल देख,
गत और अनागत काल देख,
यह देख, जगत् का आदि-सृजन,
यह देख, महाभारत का रण;
मृतकों से पटी हुई भू है,
पहचान, कहाँ इसमें तू है

"अम्बर में कुन्तल-जाल देख,
पद के नीचे पाताल देख,
मुट्ठी में तीनों काल देख,
मेरा स्वरूप विकराल देख।
सब जन्म मुझी से पाते हैं,
फिर लौट मुझी में आते हैं।

"जिह्वा से कढ़ती ज्वाल सघन,
साँसों में पाता जन्म पवन,
पड़ जाती मेरी दृष्टि जिधर,
हँसने लगती है सृष्टि उधर।
मैं जभी मूँदता हूँ लोचन,
छा जाता चारों ओर मरण।

"बाँधने मुझे तो आया है,
ज़ंजीर बड़ी क्या लाया है?
यदि मुझे बाँधना चाहे मन,
पहले तो बाँध अनन्त गगन।
सूने को साध न सकता है,
वह मुझे बाँध कब सकता है?

"हित-वचन नहीं तूने माना,
मैत्री का मूल्य न पहचाना,
तो ले, मैं भी अब जाता हूँ,
अन्तिम संकल्प सुनाता हूँ।
याचना नहीं, अब रण होगा,
जीवन-जय या कि मरण होगा।

"टकरायेंगे नक्षत्र-निकर,
बरसेगी भू पर वह्नि प्रखर,
फण शेषनाग का डोलेगा,
विकराल काल मुँह खोलेगा।
दुर्योधन! रण ऐसा होगा,
फिर कभी नहीं जैसा होगा।

"भाई पर भाई टूटेंगे,
विष-बाण बूँद-से छूटेंगे,
वायस-शृगाल सुख लूटेंगे,
सौभाग्य मनुज के फूटेंगे।
आख़िर तू भूशायी होगा,
हिंसा का पर, दायी होगा।"

थी सभा सन्न, सब लोग डरे,
चुप थे या थे बेहोश पड़े।
केवल दो नर न अघाते थे,
धृतराष्ट्र-विदुर सुख पाते थे।
कर जोड़ खड़े प्रमुदित, निर्भय,
दोनों पुकारते थे 'जय-जय!'

[3]

भगवान् सभा को छोड़ चले,
करके रण-गर्जन घोर चले,
सामने कर्ण सकुचाया-सा,
आ मिला चकित, भरमाया-सा।
हरि बड़े प्रेम से कर धर कर,
ले चढ़े उसे अपने रथ पर।

रथ चला, परस्पर बात चली,
शम-दम की टेढ़ी घात चली।
शीतल हो हरि ने कहा : "हाय,
अब शेष नहीं कोई उपाय।
हो विवश हमें धनु धरना है,
क्षत्रिय-समूह को मरना है।

"मैंने कितना कुछ कहा नहीं?
विष-व्यंग्य कहाँ तक सहा नहीं?
पर, दुर्योधन मतवाला है,
कुछ नहीं समझनेवाला है।
चाहिए उसे बस रण केवल,
सारी धरती कि मरण केवल।

"हे वीर! तुम्हीं बोलो अकाम,
क्या वस्तु बड़ी थी पाँच ग्राम?
वह भी कौरव को भारी है,
मति गयी मूढ़ की मारी है।
दुर्योधन को बोधूँ कैसे?
इस रण को अवरोधूँ कैसे?

"सोचो, क्या दृश्य विकट होगा,
रण में जब काल प्रकट होगा?
बाहर शोणित की तप्त धार,
भीतर विधवाओं की पुकार।
निरशन, विषण्ण बिललायेंगे,
बच्चे अनाथ चिल्लायेंगे।

"चिन्ता है, मैं क्या और करूँ?
शान्ति को छिपा किस ओट धरूँ?
सब राह बन्द मेरे जाने,
हाँ, एक बात यदि तू माने,
तो शान्ति नहीं जल सकती है,
समराग्नि अभी टल सकती है।

"पा तुझे धन्य है दुर्योधन,
तू एकमात्र उसका जीवन।
तेरे बल की है आस उसे,
तुझसे जय का विश्वास उसे।
तू संग न उसका छोड़ेगा,
वह क्यों रण से मुख मोड़ेगा?

"क्या अघटनीय घटना कराल?
तू पृथा-कुक्षि का प्रथम लाल,
बन सूत अनादर सहता है,
कौरव के दल में रहता है,
शर-चाप उठाये आठ प्रहर,
पाण्डव से लड़ने को तत्पर।

माँ का सनेह पाया न कभी,
सामने सत्य आया न कभी,
क़िस्मत के फेरे में पड़कर,
पा प्रेम बसा दुश्मन के घर।
निज बन्धु मानता है पर को,
कहता है शत्रु सहोदर को।

"पर, कौन दोष इसमें तेरा?
अब कहा मान इतना मेरा।
चल होकर संग अभी मेरे,
हैं जहाँ पाँच भ्राता तेरे।
बिछुड़े भाई मिल जायेंगे,
हम मिलकर मोद मनायेंगे।

"कुन्ती का तू ही तनय ज्येष्ठ,
बल, बुद्धि, शील में परम श्रेष्ठ।
मस्तक पर मुकुट धरेंगे हम,
तेरा अभिषेक करेंगे हम।
आरती समोद उतारेंगे,
सब मिलकर पाँव पखारेंगे।

"पद-त्राण भीम पहनायेगा,
धर्माधिप चँवर डुलायेगा।
पहरे पर पार्थ प्रवर होंगे,
सहदेव-नकुल अनुचर होंगे।
भोजन उत्तरा बनायेगी,
पाञ्चाली पान खिलायेगी।

"आहा! क्या दृश्य सुभग होगा!
आनन्द-चमत्कृत जग होगा।
सब लोग तुझे पहचानेंगे,
असली स्वरूप में जानेंगे।
खोयी मणि को जब पायेगी,
कुन्ती फूली न समायेगी।

"रण अनायास रुक जायेगा,
कुरुराज स्वयं झुक जायेगा।
संसार बड़े सुख में होगा,
कोई न कहीं दुःख में होगा।
सब गीत ख़ुशी के गायेंगे,
तेरा सौभाग्य मनायेंगे।

"कुरुराज्य समर्पण करता हूँ,
साम्राज्य समर्पण करता हूँ।
यश, मुकुट, मान, सिंहासन ले,
बस एक भीख मुझको दे दे।
कौरव को तज रण रोक सखे,
भू का हर भावी शोक सखे।"

सुन-सुनकर कर्ण अधीर हुआ,
क्षण एक तनिक गम्भीर हुआ;
फिर कहा : "बड़ी यह माया है,
जो कुछ आपने बताया है।
दिनमणि से सुनकर वही कथा,
मैं भोग चुका हूँ ग्लानि, व्यथा।

"जब ध्यान जन्म का धरता हूँ,
उन्मन यह सोचा करता हूँ,
कैसी होगी वह माँ कराल,
निज तन से जो शिशु को निकाल,
धाराओं में धर आती है,
अथवा जीवित दफनाती है?

"सेवती मास दस तक जिसको,
पालती उदर में रख जिसको,
जीवन का अंश खिलाती है,
अन्तर का रुधिर पिलाती है;
आती फिर उसको फेंक कहीं,
नागिन होगी, वह नारि नहीं।

"हे कृष्ण! आप चुप ही रहिये,
इसपर न अधिक कुछ भी कहिये,
सुनना न चाहते तनिक श्रवण,
जिस माँ ने मेरा किया जनन,
वह नहीं नारि, कुलपाली थी,
सर्पिणी परम विकराली थी।

"पत्थर-समान उसका हिय था,
सुत से समाज बढ़कर प्रिय था,
गोदी में आग लगा करके,
मेरा कुल-वंश छिपा करके,
दुश्मन का उसने काम किया,
माताओं को बदनाम किया।

"माँ का पय भी न पिया मैंने,
उलटे, अभिशाप लिया मैंने।
वह तो यशस्विनी बनी रही,
सबकी भौं मुझपर तनी रही।
कन्या वह रही अपरिणीता,
जो कुछ बीता, मुझपर बीता।

"मैं जाति-गोत्र से हीन, दीन,
राजाओं के सम्मुख मलीन,
जब रोज़ अनादर पाता था,
कह 'शूद्र' पुकारा जाता था।
पत्थर की छाती फटी नहीं,
कुन्ती तब भी तो कटी नहीं।

"मैं सूत-वंश में पलता था,
अपमान-अनल में जलता था,
सब देख रही थी दृश्य पृथा,
माँ की ममता, पर, हुई वृथा।
छिपकर भी तो सुधि ले न सकी,
छाया अंचल की दे न सकी।

"पा पाँच तनय फूली-फूली,
दिन-रात बड़े सुख में भूली,
कुन्ती गौरव में चूर रही,
मुझ पतित पुत्र से दूर रही।
क्या हुआ कि अब अकुलाती है?
किस कारण मुझे बुलाती है?

"क्या पाँच पुत्र हो जाने पर,
सुत के धन-धाम गँवाने पर,
या महानाश के छाने पर,
अथवा मन के घबराने पर।
नारियाँ सदय हो जाती हैं?
बिछुड़े को गले लगाती हैं?

"कुन्ती जिस भय से भरी रही,
तज मुझे, दूर हट खड़ी रही,
वह पाप अभी भी है मुझमें,
वह शाप अभी भी है मुझमें।
क्या हुआ कि वह डर जायेगा?
कुन्ती को काट न खायेगा?

"सहसा क्या हाल विचित्र हुआ?
मैं कैसे पुण्य-चरित्र हुआ?
कुन्ती का क्या चाहता हृदय?
मेरा सुख, या पाण्डव की जय?
यह अभिनन्दन नूतन क्या है?
केशव! यह परिवर्तन क्या है?

"मैं हुआ धनुर्धर जब नामी,
सब लोग हुए हित के कामी;
पर, ऐसा भी था एक समय,
जब यह समाज निष्ठुर, निर्दय,
किञ्चित् न स्नेह दर्शाता था,
विष-व्यंग्य सदा बरसाता था।

"उस समय सुअंक लगा करके,
अंचल के तले छिपा करके,
चुम्बन से कौन मुझे भरकर,
ताड़ना-ताप लेती थी हर?
राधा को छोड़ भजूँ किसको?
जननी है वही, तजूँ किसको?

"हे कृष्ण! ज़रा यह भी सुनिये,
सच है कि झूठ, मन में गुनिये।
धूलों में था मैं पड़ा हुआ?
किसका सनेह पा बड़ा हुआ?
किसने मुझको सम्मान दिया,
नृपता दे महिमावान किया?

"अपना विकास अवरुद्ध देख,
सारे समाज को क्रुद्ध देख,
भीतर जब टूट चुका था मन,
आ गया अचानक दुर्योधन।
निश्छल, पवित्र अनुराग लिये,
मेरा समस्त सौभाग्य लिये।

"कुन्ती ने केवल जन्म दिया,
राधा ने माँ का कर्म किया,
पर, कहते जिसे असल जीवन,
देने आया वह दुर्योधन।
वह नहीं भिन्न माता से है,
बढ़कर सोदर भ्राता से है।

"राजा रंक से बना करके,
यश, मान, मुकुट पहना करके,
बाँहों पर मुझे उठा करके,
सामने जगत् के ला करके,
करतब क्या-क्या न किया उसने!
मुझको नव जन्म दिया उसने।

"है ऋणी कर्ण का रोम-रोम,
जानते सत्य यह सूर्य-सोम,
तन, मन, धन दुर्योधन का है,
यह जीवन दुर्योधन का है।
सुरपुर से भी मुख मोड़ूँगा,
केशव! मैं उसे न छोड़ूँगा।

"सच है, मेरी है आस उसे,
मुझपर अटूट विश्वास उसे,
हाँ, सच है, मेरे ही बल पर,
ठाना है उसने महासमर।
पर, मैं कैसा पापी हूँगा,
दुर्योधन को धोखा दूँगा?

"रह साथ सदा खेला, खाया,
सौभाग्य-सुयश उससे पाया,
अब जब विपत्ति आने को है,
घनघोर प्रलय छाने को है,
तज उसे भाग यदि जाऊँगा,
कायर, कृतघ्न कहलाऊँगा।

"मैं भी कुन्ती का एक तनय,
किसको होगा इसका प्रत्यय?
संसार मुझे धिक्कारेगा,
मन में वह यही विचारेगा,
फिर गया, तुरत जब राज मिला,
यह कर्ण बड़ा पापी निकला।

"मैं ही न सहूँगा विषम डंक,
अर्जुन को भी होगा कलंक,
सब लोग कहेंगे, डरकर ही,
अर्जुन ने अद्‌भुत नीति गही।
चल चाल कर्ण को फोड़ लिया,
सम्बन्ध अनोखा जोड़ लिया।

"कोई न कहीं भी चूकेगा,
सारा जग मुझपर थूकेगा,
तप, त्याग, शील, जप, योग, दान,
मेरे होंगे मिट्टी-समान।
लोभी—लालची कहाऊँगा,
किसको, क्या मुख दिखलाऊँगा?

"जो आज आप कह रहे आर्य,
कुन्ती के मुख से कृपाचार्य
सुन वहीं, हुए लज्जित होते,
हम क्यों रण को सज्जित होते?
मिलता न कर्ण दुर्योधन को,
पाण्डव न कभी जाते वन को।

"लेकिन, नौका तट छोड़ चली,
कुछ पता नहीं, किस ओर चली।
यह बीच नदी की धारा है,
सूझता न कूल-किनारा है।
ले लील भले यह धार मुझे,
लौटना नहीं स्वीकार मुझे।

"धर्माधिराज का ज्येष्ठ बनूँ?
भारत में सबसे श्रेष्ठ बनूँ?
कुल की पोशाक पहन करके,
सिर उठा चलूँ कुछ तन करके?
इस झूठ-मूठ में रस क्या है?
केशव! यह सुयश सुयश क्या है?

"सिर पर कुलीनता का टीका,
भीतर जीवन का रस फीका,
अपना न नाम जो ले सकते,
परिचय न तेज से दे सकते,
ऐसे भी कुछ नर होते हैं,
कुल को खाते औ' खोते हैं।

"विक्रमी पुरुष लेकिन, सिर पर
चलता न छत्र पुरखों का धर,
अपना बल-तेज जगाता है,
सम्मान जगत् से पाता है।
सब उसे देख ललचाते हैं,
कर विविध यत्न अपनाते हैं।

"कुल-गोत्र नहीं साधन मेरा,
पुरुषार्थ एक बस धन मेरा,
कुल ने तो मुझको फेंक दिया,
मैंने हिम्मत से काम लिया।
अब वंश चकित भरमाया है,
खुद मुझे खोजने आया है।

"लेकिन, मैं लौट चलूँगा क्या?
अपने प्रण से विचलूँगा क्या?
रण में कुरुपति का विजय-वरण,
या पार्थ-हाथ कर्ण का मरण।
हे कृष्ण! यही मति मेरी है,
तीसरी नहीं गति मेरी है।

"मैत्री की बड़ी सुखद छाया,
शीतल हो जाती है काया,
धिक्कार-योग्य होगा वह नर,
जो पाकर भी ऐसा तरुवर,
हो अलग खड़ा कटवाता है,
खुद आप नहीं कट जाता है।

"जिस नर की बाँह गही मैंने,
जिस तरु की छाँह गही मैंने,
उसपर न वार चलने दूँगा,
कैसे कुठार चलने दूँगा?
जीते जी उसे बचाऊँगा,
या आप स्वयं कट जाऊँगा।

"मित्रता बड़ा अनमोल रतन,
कब इसे तोल सकता है धन?
धरती की तो है क्या बिसात?
आ जाय अगर वैकुण्ठ हाथ,
उसको भी न्योछावर कर दूँ,
कुरुपति के चरणों पर धर दूँ।

"सिर लिये स्कन्ध पर चलता हूँ,
उस दिन के लिए मचलता हूँ,
यदि चले वज्र दुर्योधन पर,
ले लूँ बढ़कर अपने ऊपर।
कटवा दूँ उसके लिए गला,
चाहिए मुझे क्या और भला?

"सम्राट् बनेंगे धर्मराज,
या पायेगा कुरुराज ताज;
लड़ना भर मेरा काम रहा,
दुर्योधन का संग्राम रहा।
मुझको न कहीं कुछ पाना है,
केवल ऋण मात्र चुकाना है।

"कुरुराज्य चाहता मैं कब हूँ?
साम्राज्य चाहता मैं कब हूँ?
क्या नहीं आपने भी जाना?
मुझको न आज तक पहचाना?
जीवन का मूल समझता हूँ,
धन को मैं धूल समझता हूँ।

"धनराशि जोगना लक्ष्य नहीं,
साम्राज्य भोगना लक्ष्य नहीं,
भुजबल से कर संसार-विजय,
अगणित समृद्धियों का संचय,
दे दिया मित्र दुर्योधन को,
तृष्णा छू भी न सकी मन को।

"वैभव-विलास की चाह नहीं,
अपनी कोई परवाह नहीं,
बस, यही चाहता हूँ केवल,
दान की देव-सरिता निर्मल
करतल से झरती रहे सदा,
निर्धन को भरती रहे सदा!

"तुच्छ है, राज्य क्या है केशव?
पाता क्या नर कर प्राप्त विभव?
चिन्ता प्रभूत, अत्यल्प हास,
कुछ चाकचिक्य, कुछ क्षण विलास।
पर, वह भी यहीं गँवाना है,
कुछ साथ नहीं ले जाना है!

"मुझ-से मनुष्य जो होते हैं,
कंचन का भार न ढोते हैं।
पाते हैं धन बिखराने को,
लाते हैं रतन लुटाने को।
जग से न कभी कुछ लेते हैं,
दान ही हृदय का देते हैं।

"प्रासादों के कनकाभ शिखर,
होते कबूतरों के ही घर,
महलों में गरुड़ न होता है,
कंचन पर कभी न सोता है।
बसता वह कहीं पहाड़ों में,
शैलों की फटी दरारों में।

"होकर समृद्धि-सुख के अधीन,
मानव होता नित तप:क्षीण,
सत्ता, किरीट, मणिमय आसन,
करते मनुष्य का तेज-हरण।
नर विभव-हेतु ललचाता है,
पर वही मनुज को खाता है।

"चाँदनी, पुष्पछाया में पल,
नर भले बने सुमधुर, कोमल,
पर, अमृत क्लेश का पिये बिना,
आतप, अन्धड़ में जिये बिना।
वह पुरुष नहीं कहला सकता,
विघ्नों को नहीं हिला सकता।

"उड़ते जो झंझावातों में,
पीते जो वारि प्रपातों में,
सारा आकाश अयन जिनका,
विषधर भुजंग भोजन जिनका,
वे ही फणिबन्ध छुड़ाते हैं,
धरती का हृदय जुड़ाते हैं।

"मैं गरुड़, कृष्ण! मैं पक्षिराज,
सिर-पर न चाहिए मुझे ताज।
दुर्योधन पर है विपद् घोर,
सकता न किसी विधि उसे छोड़।
रणखेत पाटना है मुझको,
अहिपाश काटना है मुझको।

"संग्राम-सिन्धु लहराता है,
सामने प्रलय घहराता है,
रह-रहकर भुजा फड़कती है,
बिजली-सी नसें कड़कती हैं।
चाहता तुरत मैं कूद पड़ूँ,
जीतूँ कि समर में डूब मरूँ।

"अब देर नहीं कीजै केशव!
अवसेर नहीं कीजै केशव!
धनु की डोरी तन जाने दें,
संग्राम तुरत ठन जाने दें।
ताण्डवी तेज लहरायेगा,
संसार ज्योति कुछ पायेगा।

"पर, एक विनय है मधुसूदन!
मेरी यह जन्म-कथा गोपन
मत कभी युधिष्ठिर से कहिये,
जैसे हो, इसे दबा रहिये।
वे इसे जान यदि पायेंगे,
सिंहासन को ठुकरायेंगे।

"साम्राज्य न कभी स्वयं लेंगे,
सारी सम्पत्ति मुझे देंगे,
मैं भी न उसे रख पाऊँगा,
दुर्योधन को दे जाऊँगा।
पाण्डव वंचित रह जायेंगे,
दुःख से न छूट वे पायेंगे।

"अच्छा, अब चला, प्रणाम आर्य!
हों सिद्ध समर के शीघ्र कार्य।
रण में ही अब दर्शन होगा,
शर से चरण-स्पर्शन होगा।
जय हो, दिनेश नभ में विहरें।
भूतल में दिव्य प्रकाश भरें।"

रथ से राधेय उतर आया,
हरि के मन में विस्मय छाया,
बोले कि "वीर! शत बार धन्य,
तुझ-सा न मित्र कोई अनन्य।
तू कुरुपति का ही नहीं प्राण,
नरता का है भूषण महान्।

चतुर्थ सर्ग

प्रेमयज्ञ अति कठिन, कुण्ड में कौन वीर बलि देगा?
तन, मन, धन, सर्वस्व होम कर अतुलनीय यश लेगा?
हरि के सम्मुख भी न हार जिसकी निष्ठा ने मानी,
धन्य-धन्य राधेय! बन्धुता के अद्भुत अभिमानी।

पर, जाने क्यों, नियम एक अद्भुत जग में चलता है,
भोगी सुख भोगता, तपस्वी और अधिक जलता है।
हरियाली है जहाँ, जलद भी उसी खण्ड के वासी,
मरु की भूमि मगर, रह जाती है प्यासी की प्यासी।

और, वीर जो किसी प्रतिज्ञा पर आकर अड़ता है,
सचमुच, उसके लिए उसे सब-कुछ देना पड़ता है।
नहीं सदा भीषिका दौड़ती द्वार पाप का पाकर,
दु:ख भोगता कभी पुण्य को भी मनुष्य अपनाकर।

पर, तब भी रेखा प्रकाश की जहाँ कहीं हँसती है,
वहाँ किसी प्रज्वलित वीर नर की आभा बसती है।
जिसने छोड़ी नहीं लीक विपदाओं से घबराकर,
दी जग को रोशनी टेक पर अपनी जान गँवाकर।

नरता का आदर्श तपस्या के भीतर पलता है,
देता वही प्रकाश, आग में, जो अभीत जलता है।
आजीवन झेलते दाह का दंश वीर-व्रतधारी,
हो पाते तब कहीं अमरता के पद के अधिकारी।

प्रण करना है सहज, कठिन है लेकिन, उसे निभाना,
सबसे बड़ी जाँच है व्रत का अन्तिम मोल चुकाना।
अन्तिम मूल्य न दिया अगर, तो और मूल्य देना क्या?
करने लगे मोह प्राणों का—तो फिर प्रण लेना क्या?

सस्ती क़ीमत पर बिकती रहती जब तक कुर्बानी,
तब तक सभी बने रह सकते हैं त्यागी, बलिदानी।
पर, महँगी में मोल तपस्या का देना दुष्कर है,
हँस कर दे यह मूल्य, न मिलता वह मनुष्य घर-घर है।

जीवन का अभियान दान-बल से अजस्त्र चलता है,
उतनी बढ़ती ज्योति, स्नेह जितना अनल्प जलता है।
और दान में रोकर या हँस कर हम जो देते हैं,
अहंकारवश उसे स्वत्व का त्याग मान लेते हैं।

यह न स्वत्व का त्याग, दान तो जीवन का झरना है,
रखना उसको रोक मृत्यु के पहले ही मरना है।

किस पर करते कृपा वृक्ष यदि अपना फल देते हैं?
गिरने से उसको सँभाल क्यों रोक नहीं लेते हैं?

ऋतु के बाद फलों का रुकना डालों का सड़ना है,
मोह दिखाना देय वस्तु पर आत्मघात करना है।
देते तरु इसलिए कि रेशों में मत कीट समायें,
रहें डालियाँ स्वस्थ और फिर नये-नये फल आयें।

सरिता देती वारि कि पाकर उसे सुपूरित घन हो,
बरसे मेघ, भरे फिर सरिता, उदित नया जीवन हो।
आत्मदान के साथ जगज्जीवन का ऋजु नाता है,
जो देता जितना बदले में उतना ही पाता है।

दिखलाना कार्पण्य आप अपने धोखा खाना है,
रखना दान अपूर्ण रिक्त निज का ही रह जाना है।
व्रत का अन्तिम मोल चुकाते हुए न जो रोते हैं,
पूर्ण-काम जीवन से एकाकार वही होते हैं।

जो नर आत्मदान से अपना जीवन-घट भरता है,
वही मृत्यु के मुख में भी पड़कर न कभी मरता है।
जहाँ कहीं है ज्योति जगत् में, जहाँ कहीं उजियाला,
वहाँ खड़ा है कोई अन्तिम मोल चुकानेवाला।

व्रत का अन्तिम मोल राम ने दिया, त्याग सीता को,
जीवन की संगिनी, प्राण की मणि को, सुपुनीता को,
दिया अस्थि देकर दधीचि ने, शिवि ने अंग कतर कर,
हरिश्चन्द्र ने कफ़न माँगते हुए सत्य पर अड़ कर।

ईसा ने संसार-हेतु शूली पर प्राण गँवा कर,
अन्तिम मूल्य दिया गांधी ने तीन गोलियाँ खाकर।
सुन अन्तिम ललकार मोल माँगते हुए जीवन की,
सरमद ने हँसकर उतार दी त्वचा समूचे तन की।

हँसकर लिया मरण ओठों पर, जीवन का व्रत पाला।
अमर हुआ सुकरात जगत् में पीकर विष का प्याला।
मरकर भी मनसूर नियति की सह पाया न ठिठोली,
उत्तर में सौ बार चीख कर बोटी-बोटी बोली।

दान जगत् का प्रकृत धर्म है, मनुज व्यर्थ डरता है,
एक रोज़ तो हमें स्वयं सब-कुछ देना पड़ता है।
बचते वही, समय पर जो सर्वस्व दान करते हैं,
ऋतु का ज्ञान नहीं जिनको, वे देकर भी मरते हैं।

वीर कर्ण, विक्रमी, दान का अति अमोघ व्रतधारी,
पाल रहा था बहुत काल से एक पुण्य-प्रण भारी।
रवि-पूजन के समय सामने जो याचक आता था,
मुँहमाँगा वह दान कर्ण से अनायास पाता था।

थी विश्रुत यह बात, कर्ण गुणवान और ज्ञानी हैं,
दीनों के अवलम्ब, जगत् के सर्वश्रेष्ठ दानी हैं।
जाकर उनसे कहो, पड़ी जिस पर जैसी विपदा हो,
गो, धरती, गज, वाजि माँग लो, जो जितना भी चाहो।

'नाहीं' सुनी कहाँ, किसने, कब, इस दानी के मुख से?
धन की कौन बिसात! प्राण भी दे सकते वे सुख से!

और दान देने में वे कितने विनम्र रहते हैं!
दीन याचकों से भी कैसे मधुर वचन कहते हैं!

करते यों सत्कार कि मानो, हम हों नहीं भिखारी,
वरन्, माँगते जो कुछ उसके न्यायसिद्ध अधिकारी।
और उमड़ती है प्रसन्न दृग में कैसी जलधारा,
मानो, सौंप रहे हों हमको ही वे न्यास हमारा!

युग-युग जियें कर्ण, दलितों के वे दुःख-दैन्य-हरण हैं,
कल्पवृक्ष धरती के, अशरण की अप्रतिम शरण हैं।
पहले ऐसा दानवीर धरती पर कब आया था?
इतने अधिक जनों को किसने यह सुख पहुँचाया था?

और सत्य ही, कर्ण दानहित ही संचय करता था,
अर्जित कर बहु विभव निःस्व, दीनों का घर भरता था।
गो, धरती, गज, वाजि, अन्न, धन, वसन, जहाँ जो पाया,
दानवीर ने हृदय खोल कर उसको वहीं लुटाया।

फहर रही थी मुक्त चतुर्दिक् यश की विमल पताका,
कर्ण नाम पड़ गया दान की अतुलनीय महिमा का।
श्रद्धा-सहित नमन करते सुन नाम देश के ज्ञानी,
अपना भाग्य समझ भजते थे उसे भाग्यहत प्राणी।

तब कहते हैं, एक बार हटकर प्रत्यक्ष समर से,
किया नियति ने वार कर्ण पर, छिपकर, पुण्य-विवर से।
व्रत का निकष दान था, अबकी चढ़ी निकष पर काया,
कठिन मूल्य माँगने सामने भाग्य देह धर आया।

एक दिवस जब छोड़ रहे थे दिनमणि मध्य गगन को,
कर्ण जाह्नवी-तीर खड़ा था मुद्रित किये नयन को,
कटि तक डूबा हुआ सलिल में, किसी ध्यान में रत-सा,
अम्बुधि में आकटक निमज्जित कनक-खचित पर्वत-सा।

हँसती थीं रश्मियाँ रजत से भरकर वारि विमल को,
हो उठती थीं स्वयं स्वर्ण छू कवच और कुण्डल को।
किरण-सुधा पी कमल मोद में भरकर दमक रहा था,
कदली के चिकने पातों पर पारद चमक रहा था।

विहग लता-वीरुध-वितान में तट पर चहक रहे थे,
धूप, दीप, कर्पूर, फूल, सब मिलकर महक रहे थे।
पूरी कर पूजा-उपासना ध्यान कर्ण ने खोला,
इतने में ऊपर तट पर खर-पात कहीं कुछ डोला।

कहा कर्ण ने : "कौन उधर है? बन्धु, सामने आओ,
मैं प्रस्तुत हो चुका, स्वस्थ हो, निज आदेश सुनाओ।
अपनी पीड़ा कहो, कर्ण सबका विनीत अनुचर है,
यह विपन्न का सखा तुम्हारी सेवा में तत्पर है।

"माँगो, माँगो दान, अन्न या वसन, धाम या धन दूँ?
अपना छोटा राज्य याकि यह क्षणिक, क्षुद्र जीवन दूँ?
मेघ भले लौटें उदास हो किसी रोज़ सागर से,
याचक फिर सकते निराश पर, नहीं कर्ण के घर से।

"पर का दुःख हरण करने में ही अपना सुख माना,
भाग्यहीन मैंने जीवन में और स्वाद क्या जाना?

आओ, उऋण बनूँ तुमको भी न्यास तुम्हारा देकर,
उपकृत करो मुझे, अपनी संचित निधि मुझसे लेकर।

"अरे, कौन है भिक्षु यहाँ पर? और कौन दाता है?
अपना ही अधिकार मनुज नाना विधि से पाता है।
कर पसार कर जब भी तुम मुझसे कुछ ले लेते हो,
तृप्त भाव से हेर मुझे क्या चीज़ नहीं देते हो?

"दीनों का सन्तोष, भाग्यहीनों की गद्गद वाणी,
नयन-कोर में भरा लबालब कृतज्ञता का पानी,
हो जाना फिर हरा युगों से मुरझाये अधरों का,
पाना आशीर्वचन, प्रेम, विश्वास अनेक नरों का।

"इससे बढ़कर और प्राप्ति क्या जिस पर गर्व करें हम?
पर को जीवन मिले अगर तो हँस कर क्यों न मरें हम?
मोल-तोल कुछ नहीं, माँग लो जो कुछ तुम्हें सुहाये,
मुँह-माँगा ही दान सभी को हम हैं देते आये।"

गिरा गहन सुन चकित और मन-ही-मन कुछ भरमाया,
लता-ओट से एक विप्र सामने कर्ण के आया।
कहा कि "जय हो, हमने भी है सुनी सुकीर्ति-कहानी,
नहीं आज कोई त्रिलोक में कहीं आप-सा दानी।

"नहीं फिराते एक बार जो कुछ मुख से कहते हैं,
प्रण-पालन के लिए आप जहु भाँति कष्ट सहते हैं।
आश्वासन से ही अभीत हो सुख विपन्न पाता है,
कर्ण-वचन सर्वत्र कार्यवाचक माना जाता है।

"लोग दिव्य शत-शत प्रमाण निष्ठा के बतलाते हैं,
शिवि-दधीचि-प्रह्लाद-कोटि में आप गिने जाते हैं।
सबका है विश्वास, मृत्यु से आप न डर सकते हैं,
हँस कर प्रण के लिए प्राण न्योछावर कर सकते हैं।

"ऐसा है तो मनुज-लोक, निश्चय, आदर पायेगा,
स्वर्ग किसी दिन भीख माँगने मिट्टी पर आयेगा।
किन्तु, भाग्य है बली, कौन किससे कितना पाता है,
यह लेखा नर के ललाट में ही देखा जाता है।

क्षुद्र पात्र हो मग्न कूप में जितना जल लेता है,
उससे अधिक वारि सागर भी उसे नहीं देता है।
अतः, व्यर्थ है देख बड़ों को बड़ी वस्तु की आशा,
किस्मत भी चाहिए, नहीं केवल ऊँची अभिलाषा।"

कहा कर्ण ने : "वृथा भाग्य से आप डरे जाते हैं,
जो है सम्मुख खड़ा, उसे पहचान नहीं पाते हैं।
विधि ने था क्या लिखा भाग्य में, खूब जानता हूँ मैं,
बाँहों को, पर, कहीं भाग्य से बली मानता हूँ मैं।

"महाराज, उद्यम से विधि का अंक उलट जाता है,
क़िस्मत का पाशा पौरुष से हार पलट जाता है।
और उच्च अभिलाषाएँ तो मनुज मात्र का बल हैं,
जगा-जगा कर हमें वही तो रखतीं नित चंचल हैं।

"आगे जिसकी नज़र नहीं, वह भला कहाँ जायेगा?
अधिक नहीं चाहता, पुरुष वह कितना धन पायेगा?

अच्छा, अब उपचार छोड़ बोलिए, आप क्या लेंगे,
सत्य मानिए, जो माँगेंगे आप, वही हम देंगे।

"मही डोलती और डोलता नभ में देव-निलय भी,
कभी-कभी डोलता समर में किंचित् वीर-हृदय भी।
डोले मूल अचल पर्वत का, या डोले ध्रुवतारा,
सब डोलें, पर नहीं डोल सकता है वचन हमारा।"

भलीभाँति कस कर दाता को, बोला नीच भिखारी :
"धन्य-धन्य, राधेय! दान के अति अमोघ व्रतधारी।
ऐसा है औदार्य, तभी तो कहता प्रति याचक है,
महाराज का वचन सदा, सर्वत्र क्रियावाचक है।

"मैं सब-कुछ पा गया प्राप्त कर वचन आपके मुख से,
अब तो मैं कुछ लिये बिना भी जा सकता हूँ सुख से।
क्योंकि माँगना है जो कुछ उसको कहते डरता हूँ,
और साथ ही, एक द्विधा का भी अनुभव करता हूँ।

"कहीं आप दे सके नहीं जो कुछ मैं धन माँगूँगा,
मैं तो भला किसी विधि अपनी अभिलाषा त्यागूँगा;
किन्तु, आपकी कीर्ति-चाँदनी फीकी हो जायेगी,
निष्कलंक विधु कहाँ दूसरा फिर वसुधा पायेगी?

"है सुकर्म, क्या संकट में डालना मनस्वी नर को?
प्रण से डिगा आपको दूँगा क्या उत्तर जग भर को?
सब कोसेंगे मुझे कि मैंने पुण्य मही का लूटा,
मेरे ही कारण अभंग प्रण महाराज का टूटा।

"अतः, विदा दें मुझे, खुशी से मैं वापस जाता हूँ।"
बोल उठा राधेय : "आपको मैं अद्भुत पाता हूँ।
सुर हैं याकि यक्ष हैं अथवा हरि के मायाचर हैं,
समझ नहीं पाता कि आप नर हैं या योनि इतर हैं।

"भला कौन-सी वस्तु आप मुझ नश्वर से माँगेंगे,
जिसे नहीं पाकर, निराश हो, अभिलाषा त्यागेंगे?
गो, धरती, धन, धाम, वस्तु जितनी चाहें, दिलवा दूँ,
इच्छा हो तो शीश काट कर पद पर यहीं चढ़ा दूँ।

"या यदि साथ लिया चाहें जीवित, सदेह मुझको ही,
तो भी वचन तोड़ कर हूँगा नहीं विप्र का द्रोही।
चलिए, साथ चलूँगा मैं साकल्य आपका ढोते,
सारी आयु बिता दूँगा चरणों को धोते-धोते।

"वचन माँग कर नहीं माँगना दान बड़ा अद्भुत है,
कौन वस्तु है, जिसे न दे सकता राधा का सुत है?
विप्रदेव! माँगिए छोड़ संकोच वस्तु मनचाही,
मरूँ अयश की मृत्यु, करूँ यदि एक बार भी नाहीं।"

सहम गया सुन शपथ कर्ण की, हृदय विप्र का डोला,
नयन झुकाये हुए भिक्षु साहस समेट कर बोला :
"धन की लेकर भीख नहीं मैं घर भरने आया हूँ,
और नहीं नृप को अपना सेवक करने आया हूँ।

"यह कुछ मुझको नहीं चाहिए, देव धर्म को बल दें,
देना हो तो मुझे कृपा कर कवच और कुण्डल दें।"

कवच और कुण्डल! विद्युत् छू गयी कर्ण के तन को,
पर, कुछ सोच रहस्य, कहा उसने गभीर कर मन को।

"समझा, तो यह और न कोई, आप स्वयं सुरपति हैं,
देने को आये प्रसन्न हो तप में नयी प्रगति हैं।
धन्य हमारा सुयश आपको खींच मही पर लाया,
स्वर्ग भीख माँगने आज, सच ही, मिट्टी पर आया।

"क्षमा कीजिए, इस रहस्य को तुरत न जान सका मैं,
छिप कर आये आप, नहीं इससे पहचान सका मैं।
दीन विप्र ही समझ कहा—धन, धाम, धरा लेने को,
था क्या मेरे पास अन्यथा सुरपति को देने को?

"केवल गन्ध जिन्हें प्रिय, उनको स्थूल मनुज क्या देगा?
और व्योमवासी मिट्टी से दान भला क्या लेगा?
फिर भी देवराज भिक्षुक बन कर यदि हाथ पसारें,
जो भी हो, पर, इस सुयोग को हम क्यों अशुभ विचारें?

"अतः, आपने जो माँगा है, दान वही मैं दूँगा,
शिवि-दधीचि की पंक्ति छोड़कर जग में अयश न लूँगा।
पर, कहता हूँ, मुझे बना निस्त्राण छोड़ते हैं क्यों?
कवच और कुण्डल ले करके प्राण छोड़ते हैं क्यों?

"यह, शायद, इसलिए कि अर्जुन जिये, आप सुख लूटें,
व्यर्थ न उसके शर अमोघ मुझपर टकरा कर टूटें।
उधर करें बहु भाँति पार्थ की स्वयं कृष्ण रखवाली,
और इधर मैं लड़ूँ लिये यह देह कवच से खाली।

"तनिक सोचिए, वीरों का यह योग्य समर क्या होगा?
इस प्रकार से मुझे मार कर पार्थ अमर क्या होगा?
एक बाज़ का पंख तोड़ कर करना अभय अपर को,
सुर को शोभे भले, नीति यह नहीं शोभती नर को।

"यह तो निहत शरभ पर चढ़ आखेटक पद पाना है,
ज़हर पिला मृगपति को उसपर पौरुष दिखलाना है।
यह तो साफ़ समर से होकर भीत विमुख होना है,
जय निश्चित हो जाय तभी रिपु के सम्मुख होना है।

"देवराज! हम जिसे जीत सकते न बाहु के बल से,
क्या है उचित उसे मारें हम न्याय छोड़ कर छल से?
हार-जीत क्या चीज़? वीरता की पहचान समर है,
सच्चाई पर कभी हार कर भी न हारता नर है।

"और पार्थ यदि बिना लड़े ही जय के लिए विकल है,
तो कहता हूँ, इस जय का भी एक उपाय सरल है।
कहिए उसे, मोम की मेरी एक मूर्ति बनवाये,
और काट कर उसे, जगत् में कर्णजयी कहलाये।

"जीत सकेगा मुझे नहीं वह और किसी विधि रण में,
कर्ण-विजय की आश तड़प कर रह जायेगी मन में।
जीते जूझ समर वीरों ने सदा बाहु के बल से,
मुझे छोड़ रक्षित जनमा था कौन कवच-कुण्डल से?

"मैं ही था अपवाद, आज वह भी विभेद हरता हूँ,
कवच छोड़ अपना शरीर सबके समान करता हूँ।

अच्छा किया कि आप मुझे समतल पर लाने आये,
हर तनुत्र दैवीय; मनुज सामान्य बनाने आये।

"अब न कहेगा जगत्, कर्ण को ईश्वरीय भी बल था,
जीता वह इसलिए कि उसके पास कवच-कुण्डल था।
महाराज! क़िस्मत ने मेरी की न कौन अवहेला?
किस आपत्ति-गर्त में उसने मुझको नहीं ढकेला?

"जनमा जाने कहाँ, पला पद-दलित सूत के कुल में,
परिभव सहता रहा विफल प्रोत्साहन-हित व्याकुल मैं।
द्रोणदेव से हो निराश वन में भृगुपति तक धाया,
बड़ी भक्ति की, पर, बदले में शाप भयानक पाया।

"और दान, जिसके कारण ही हुआ ख्यात मैं जग में,
आया है बन विघ्न सामने आज विजय के मग में।
ब्रह्मा के हित उचित मुझे क्या इस प्रकार छलना था?
हवन डालते हुए यज्ञ में मुझको ही जलना था?

"सबको मिली स्नेह की छाया, नयी-नयी सुविधाएँ,
नियति भेजती रही सदा, पर, मेरे हित विपदाएँ।
मन-ही-मन सोचता रहा हूँ, यह रहस्य भी क्या है,
खोज-खोज घेरती मुझी को क्यों बाधा-विपदा है?

"और कहें यदि पूर्व जन्म के पापों का यह फल है,
तो फिर विधि ने दिया मुझे क्यों कवच और कुण्डल है?
समझ नहीं पड़ती, विरंचि की बड़ी जटिल है माया,
सब-कुछ पाकर भी मैंने यह भाग्य-दोष क्यों पाया?

"जिससे मिलता नहीं सिद्ध फल मुझे किसी भी व्रत का,
उलटा हो जाता प्रभाव मुझपर आ धर्म सुगत का।
गंगा में ले जन्म, वारि गंगा का पी न सका मैं,
किये सदा सत्कर्म, छोड़ चिन्ता, पर, जी न सका मैं।

"जाने क्या मेरी रचना में था उद्देश्य प्रकृति का,
मुझे बना आगार शूरता का, करुणा का, धृति का,
देवोपम गुण सभी दान कर, जाने, क्या करने को,
दिया भेज भू पर केवल बाधाओं से लड़ने को?

"फिर कहता हूँ, नहीं व्यर्थ राधेय यहाँ आया है,
एक नया सन्देश विश्व के हित वह भी लाया है।
स्यात्, उसे भी नया पाठ मनुजों को सिखलाना है,
जीवन-जय के लिए कहीं कुछ करतब दिखलाना है।

"वह करतब है यह कि शूर जो चाहे कर सकता है,
नियति-भाल पर पुरुष पाँव निज बल से धर सकता है।
वह करतब है यह कि शक्ति बसती न वंश या कुल में,
बसती है वह सदा वीर पुरुषों के वक्ष पृथुल में।

"वह करतब है यह कि विश्व ही चाहे रिपु हो जाये,
दगा धर्म दे और पुण्य चाहे ज्वाला बरसाये;
पर, मनुष्य तब भी न कभी सत्पथ से टल सकता है,
बल से अन्धड़ को धकेल वह आगे चल सकता है।

"वह करतब है यह कि युद्ध में मारो और मरो तुम,
पर, कुपन्थ में कभी जीत के लिए न पाँव धरो तुम।

वह करतब है यह कि सत्य-पथ पर चाहे कट जाओ,
विजय-तिलक के लिए करों में कालिख पर, न लगाओ।

"देवराज! छल, छद्म स्वार्थ, कुछ भी न साथ लाया हूँ।,
मैं केवल आदर्श, एक उनका बनने आया हूँ।
जिन्हें नहीं अवलम्ब दूसरा, छोड़ बाहु के बल को,
धर्म छोड़ भजते न कभी जो किसी लोभ से छल को।

"मैं उनका आदर्श, जिन्हें कुल का गौरव ताड़ेगा,
'नीचवंशजन्मा' कहकर जिनको जग धिक्कारेगा।
जो समाज की विषम वह्नि में चारों ओर जलेंगे,
पग-पग पर झेलते हुए बाधा निःसीम चलेंगे।

"मैं उनका आदर्श, कहीं जो व्यथा न खोल सकेंगे,
पूछेगा जग; किन्तु, पिता का नाम न बोल सकेंगे।
जिनका निखिल विश्व में कोई कहीं न अपना होगा,
मन में लिये उमंग जिन्हें चिर-काल कलपना होगा।

"मैं उनका आदर्श, किन्तु, जो तनिक न घबरायेंगे,
निज चरित्र-बल से समाज में पद विशिष्ट पायेंगे।
सिंहासन ही नहीं, स्वर्ग भी जिन्हें देख नत होगा,
धर्म-हेतु धन, धाम लुटा देना जिनका व्रत होगा।

"श्रम से नहीं विमुख होंगे जो दुःख से नहीं डरेंगे,
सुख के लिए पाप से जो नर सन्धि न कभी करेंगे।
कर्ण-धर्म होगा धरती पर बलि से नहीं मुकरना,
जीना जिस अप्रतिम तेज से, उसी शान से मरना।

"भुज को छोड़ न मुझे सहारा किसी और सम्बल का,
बड़ा भरोसा था, लेकिन, इस कवच और कुण्डल का।
पर, उनसे भी आज दूर सम्बन्ध किये लेता हूँ,
देवराज! लीजिए खुशी से महादान देता हूँ।

"यह लीजिए कर्ण का जीवन और जीत कुरुपति की,
कनक-रचित निःश्रेणि अनूपम निज सूत की उन्नति की।
हेतु पाण्डवों के भय का, परिणाम महाभारत का,
अन्तिम मूल्य किसी दानी जीवन के दारुण व्रत का।

"जीवन देकर जय खरीदना, जग में यही चलन है,
विजय दान करता न प्राण को रखकर कोई जन है।
मगर, प्राण रखकर प्रण अपना आज पालता हूँ मैं,
पूर्णाहुति के लिए विजय का हवन डालता हूँ मैं।

"देवराज! जीवन में आगे और कीर्ति क्या लूँगा?
इससे बढ़कर दान अनूपम भला किसे, क्या दूँगा?
अब जाकर कहिए कि 'पुत्र! मैं वृथा नहीं आया हूँ,
अर्जुन! तेरे लिए कर्ण से विजय माँग लाया हूँ।'

"एक विनय है और, आप लौटें जब अमर भुवन को,
दे दें यह सूचना सत्य के हित में, चतुरानन को।
'उद्वेलित जिसके निमित्त पृथ्वीतल का जन-जन है,
कुरुक्षेत्र में अभी शुरू भी हुआ नहीं वह रण है।

"दो वीरों ने किन्तु, लिया कर आपस में निपटारा,
हुआ जयी राधेय और अर्जुन इस रण में मैं हारा।' "

यह कह, उठा कृपाण कर्ण ने त्वचा छील क्षण भर में,
कवच और कुण्डल उतार, धर दिया इन्द्र के कर में!

चकित, भीत चहचहा उठे कुंजों में विहग बिचारे,
दिशा सन्न रह गयी देख यह दृश्य भीति के मारे।
सह न सके आघात, सूर्य छिप गये सरक कर घन में,
'साधु, साधु!' की गिरा मन्द्र गूँजी गम्भीर गगन में।

अपना कृत्य विचार, कर्ण का करतब देख निराला,
देवराज का मुखमण्डल पड़ गया ग्लानि से काला।
क्लिन्न कवच को लिये किसी चिन्ता में पगे हुए-से,
ज्यों-के-त्यों रह गये इन्द्र जड़ता में ठगे हुए-से।

पाप हाथ से निकल मनुज के सिर पर जब छाता है,
तब, सत्य ही, प्रदाह प्राण का सहा नहीं जाता है।
अहंकारवश इन्द्र सरल नर को छलने आये थे,
नहीं त्याग के महातेज-सम्मुख जलने आये थे।

मगर, विशिख जो लगा कर्ण की बलि का आन हृदय में,
बहुत काल तक इन्द्र मौन रह गये मग्न विस्मय में।
झुका शीश आखिर वे बोले : "अब क्या बात कहूँ मैं?
करके ऐसा पाप मूक भी कैसे, किन्तु, रहूँ मैं?

"पुत्र! सत्य ही, तूने पहचाना, मैं ही सुरपति हूँ,
पर, सुरत्व को भूल निवेदित करता तुझे प्रणति हूँ।
देख लिया, जो कुछ देखा था कभी न अब तक भू पर,
आज तुला पर भी नीचे है मही, स्वर्ग है ऊपर।

"क्या कह करूँ प्रबोध? जीभ काँपती, प्राण हिलते हैं,
माँगूँ क्षमादान, ऐसे तो शब्द नहीं मिलते हैं।
दे पावन पदधूलि कर्ण! दूसरी न मेरी गति है,
पहले भी थी भ्रमित, अभी भी फँसी भँवर में मति है।

"नहीं जानता था कि छद्म इतना संहारक होगा,
दान कवच-कुण्डल का—ऐसा हृदय-विदारक होगा!
मेरे मन का पाप मुझी पर बनकर धूम घिरेगा,
वज्र भेद कर तुझे, तुरत मुझ पर भी आन गिरेगा।

"तेरे महातेज के आगे मलिन हुआ जाता हूँ,
कर्ण! सत्य ही, आज स्वयं को बड़ा क्षुद्र पाता हूँ।
आह! खली थी कभी नहीं मुझको यों लघुता मेरी,
दानी! कहीं दिव्य है मुझसे आज छाँह भी तेरी।

"तृण-सा विवश डूबता, उगता, बहता, उतराता हूँ,
शील-सिन्धु की गहराई का पता नहीं पाता हूँ।
घूम रहा मन-ही-मन लेकिन, मिलता नहीं किनारा,
हुई परीक्षा पूर्ण, सत्य ही, नर जीता, सुर हारा।

"हाँ, पड़ पुत्र-प्रेम में आया था छल ही करने को,
जान-बूझ कर कवच और कुण्डल तुझसे हरने को।
वह, छल हुआ प्रसिद्ध, किसे क्या मुख अब दिखलाऊँगा?
आया था बन विप्र, चोर बन कर वापस जाऊँगा।

"वन्दनीय तू कर्ण, देखकर तेज तिग्म अति तेरा,
काँप उठा था आते ही देवत्वपूर्ण मन मेरा।

किन्तु, अभी तो तुझे देख मन और डरा जाता है,
हृदय सिमटता हुआ आप-ही-आप मरा जाता है।

"दीख रहा तू मुझे ज्योति के उज्ज्वल शैल अचल-सा,
कोटि-कोटि जन्मों के संचित महापुण्य के फल-सा।
त्रिभुवन में जिन अमित योगियों का प्रकाश जगता है,
उनके पुंजीभूत रूप-सा तू मुझको लगता है।

"खड़े दीखते जगन्नियन्ता पीछे मुझे गगन में,
बड़े प्रेम से लिये तुझे ज्योतिर्मय आलिंगन में।
दान, धर्म, अगणित व्रतसाधन, योग, यज्ञ, तप तेरे,
सब प्रकाश बन खड़े हुए हैं तुझे चतुर्दिक् घेरे।

"मही मग्न हो तुझे अंक में लेकर इठलाती है,
मस्तक सूँघ स्वत्व अपना यह कह कर बतलाती है।
'इसने मेरे अमित मलिन पुत्रों का दुःख मेटा है,
सूर्य-पुत्र यह नहीं, कर्ण मुझ दुखिया का बेटा है।'

"तू दानी, मैं कुटिल प्रवंचक, तू पवित्र, मैं पापी,
तू देकर भी सुखी और मैं लेकर भी परितापी।
तू पहुँचा है जहाँ कर्ण, देवत्व न जा सकता है,
इस महान् पद को कोई मानव ही पा सकता है।

"देख न सकता अधिक और मैं कर्ण, रूप यह तेरा,
काट रहा है मुझे जानकर पाप भयानक मेरा।
तेरे इस पावन स्वरूप में जितना ही पगता हूँ,
उतना ही मैं और अधिक बर्बर-समान लगता हूँ।

"अत: कर्ण! कर कृपा यहाँ से तुरत मुझे जाने दे,
अपने इस दुर्द्धर्ष तेज से त्राण मुझे पाने दे।
मगर, विदा देने के पहले एक कृपा यह कर तू,
मुझ निष्ठुर से भी कोई ले माँग सोच कर वर तू।"

कहा कर्ण ने : "धन्य हुआ मैं आज सभी कुछ देकर,
देवराज! अब क्या होगा वरदान नया कुछ लेकर?
बस, आशिष दीजिए, धर्म में मेरा भाव अचल हो,
वही छत्र हो, वही मुकुट हो, वही कवच-कुण्डल हो।"

देवराज बोले कि "कर्ण! यदि धर्म तुझे छोड़ेगा,
निज रक्षा के लिए नया सम्बन्ध कहाँ जोड़ेगा?
और धर्म को तू छोड़ेगा भला पुत्र! किस भय से,
अभी-अभी रक्खा जब इतना ऊपर उसे विजय से?

"धर्म नहीं, मैंने तुझसे जो वस्तु हरण कर ली है,
छल से कर आघात तुझे जो निस्सहायता दी है;
उसे दूर या कम करने की है मुझको अभिलाषा,
पर, स्वेच्छा से नहीं पूजने देगा तू यह आशा।

"तू माँगे कुछ नहीं, किन्तु, मुझको अवश्य देना है,
मन का कठिन बोझ थोड़ा-सा हल्का कर लेना है।
ले अमोघ यह अस्त्र, काल को भी यह खा सकता है,
इसका कोई वार किसी पर विफल न जा सकता है।

"एक बार ही मगर, काम तू इससे ले पायेगा,
फिर यह तुरत लौटकर मेरे पास चला जायेगा।

अतः, वत्स! मत इसे चलाना कभी वृथा चंचल हो,
लेना काम तभी जब तुझको और न कोई बल हो।

"दानवीर! जय हो, महिमा का गान सभी जन गायें,
देव और नर, दोनों ही, तेरा चरित्र अपनायें।"
दे अमोघ शर-दान सिधारे देवराज अम्बर को,
व्रत का अन्तिम मूल्य चुका कर गया कर्ण निज घर को।

पञ्चम सर्ग

आ गया काल विकराल शान्ति के क्षय का,
निर्दिष्ट लग्न धरती पर खण्ड-प्रलय का।
हो चुकी पूर्ण योजना नियति की सारी,
कल ही होगा आरम्भ समर अति भारी।

कल जैसे ही पहली मरीचि फूटेगी,
रण में शर पर चढ़ महामृत्यु छूटेगी।
संहार मचेगा, तिमिर घोर छायेगा,
सारा समाज दृगवंचित हो जायेगा।

जन-जन स्वजनों के लिए कुटिल यम होगा,
परिजन, परिजन के हित कृतान्त-सम होगा!
कल से भाई, भाई के प्राण हरेंगे,
नर ही नर के शोणित में स्नान करेंगे।

सुध-बुध खो बैठी हुई समर-चिन्तन में,
कुन्ती व्याकुल हो उठी सोच कुछ मन में।
"हे राम! नहीं क्या यह संयोग हटेगा?
सचमुच ही, क्या कुन्ती का हृदय फटेगा?

"एक ही गोद के लाल, कोख के भाई,
सत्य ही, लड़ेंगे हो दो ओर लड़ाई?
सत्य ही, कर्ण अनुजों के प्राण हरेगा?
अथवा, अर्जुन के हाथों स्वयं मरेगा?

"दो में जिसका उर फटे, फटूँगी मैं ही,
जिसकी भी गरदन कटे, कटूँगी मैं ही।
पार्थ को कर्ण, या पार्थ कर्ण को मारे,
बरसेंगे किस पर मुझे छोड़ अंगारे?

"भगवान्! सुनेगा कथा कौन यह मेरी?
समझेगा जग में व्यथा कौन यह मेरी?
हे राम! निरावृत किये बिना व्रीड़ा को,
है कौन, हरेगा जो मेरी पीड़ा को?

"गान्धारी महिमामयी, भीष्म गुरुजन हैं,
धृतराष्ट्र खिन्न, जग से हो रहे विमन हैं।
तब भी उनसे यदि कहूँ, करेंगे क्या वे?
मेरी मणि मेरे हाथ धरेंगे क्या वे?

"यदि कहूँ युधिष्ठिर से यह मलिन कहानी,
गलकर रह जायेगा वह भावुक ज्ञानी।
तो चलूँ, कर्ण से ही मिल बात करूँ मैं,
सामने उसी के अन्तर खोल धरूँ मैं।

"लेकिन, कैसे उसके समक्ष जाऊँगी?
किस तरह उसे अपना मुख दिखलाऊँगी?
माँगता विकल हो वस्तु आज जो मन है,
बीता विरुद्ध उसके समग्र जीवन है।

"क्या समाधान होगा दुष्कृति के क्रम का?
उत्तर दूँगी क्या, निज आचरण विषम का?
किस तरह कहूँगी—पुत्र! गोद में आ तू,
इस पाषाणी जननी का हृदय जुड़ा तू?"

चिन्ताकुल, उलझी हुई व्यथा में, मन से,
बाहर आयी कुन्ती, कढ़ विदुर-भवन से।
सामने तपन को देख, तनिक घबरा कर,
सितकेशी, सम्भ्रममयी चली सकुचा कर।

उड़ती वितर्क-धागे पर, चंग-सरीखी,
सुधियों की सहती चोट प्राण पर तीखी,
आशा - अभिलाषा - भरी, डरी भरमायी,
कुन्ती ज्यों-त्यों जाह्नवी-तीर पर आयी।

दिनमणि पश्चिम की ओर क्षितिज के ऊपर,
थे घट उँड़ेलते खड़े कनक के भू पर।
लालिमा बहा अग-जग को नहलाते थे,
ख़ुद भी लज्जा से लाल हुए जाते थे।

राधेय सान्ध्य पूजन में ध्यान लगाये,
था खड़ा विमल जल में, युग बाहु उठाये।
तन में रवि का अप्रतिम तेज जगता था,
दीपित ललाट अपरार्क-सदृश लगता था।

मानो, युग-स्वर्णिम-शिखर-मूल में आकर,
हो बैठ गया, सचमुच ही, सिमट विभाकर।
अथवा मस्तक पर अरुण देवता को ले,
हो खड़ा तीर पर गरुड़ पंख निज खोले!

या दो अर्चियाँ विशाल पुनीत अनल की,
हों सजा रहीं आरती विभा-मण्डल की।
अथवा अगाध कंचन में कहीं नहा कर,
मैनाक शैल हो खड़ा बाहु फैला कर।

सुत की शोभा को देख मोद में फूली,
कुन्ती क्षण - भर को व्यथा-वेदना भूली।
भर कर ममता-पय से निष्पलक नयन को,
वह खड़ी सींचती रही पुत्र के तन को।

आहट पाकर जब ध्यान कर्ण ने खोला,
कुन्ती को सम्मुख देख विनत हो बोला :
"पद पर अन्तर का भक्ति-भाव धरता हूँ,
राधा का सुत मैं, देवि! नमन करता हूँ।

"हैं आप कौन? किसलिए यहाँ आयी हैं?
मेरे निमित्त आदेश कौन लायी हैं?
यह कुरुक्षेत्र की भूमि, युद्ध का स्थल है,
अस्तमित हुआ चाहता विभामण्डल है।

"सूना, औघट यह घाट, महा भयकारी,
उस पर भी प्रवया आप अकेली नारी।
हैं कौन? देवि! कहिए, क्या काम करूँ मैं?
क्या भक्ति-भेंट चरणों पर आन धरूँ मैं?

सुन गिरा गूढ़ कुन्ती का धीरज छूटा,
भीतर का क्लेश अपार अश्रु बन फूटा।
विगलित हो उसने कहा काँपते स्वर से :
"रे कर्ण! बेध मत मुझे निदारुण शर से।

"राधा का सुत तू नहीं, तनय मेरा है,
जो धर्मराज का, वही वंश तेरा है।
तू नहीं सूत का पुत्र, राजवंशी है,
अर्जुन-समान कुरुकुल का ही अंशी है।

"जिस तरह तीन पुत्रों को मैंने पाया,
तू उसी तरह था प्रथम कुक्षि में आया।
पा तुझे धन्य थी हुई गोद यह मेरी,
मैं ही अभागिनी पृथा जननि हूँ तेरी।

"पर, मैं कुमारिका थी, जब तू आया था,
अनमोल लाल मैंने असमय पाया था।
अतएव, हाय! अपने दुधमुँहे तनय से,
भागना पड़ा मुझको समाज के भय से।

"बेटा, धरती पर बड़ी दीन है नारी,
अबला होती, सचमुच, योषिता कुमारी।
है कठिन बन्द करना समाज के मुख को,
सिर उठा न पा सकती पतिता निज सुख को।

"उस पर भी बाल अबोध, काल बचपन का,
सूझा न शोध मुझको कुछ और पतन का।
मंजूषा में धर तुझे वज्र कर मन को,
धारा में आयी छोड़ हृदय के धन को।

"संयोग, सूत-पत्नी ने तुझको पाला,
उन दयामयी पर तनिक न मुझे कसाला।
ले चल, मैं उनके दोनों पाँव धरूँगी,
अग्रजा मान कर सादर अंक भरूँगी।

"पर एक बात सुन, जो कहने आयी हूँ,
आदेश नहीं, प्रार्थना साथ लायी हूँ।
कल कुरुक्षेत्र में जो संग्राम छिड़ेगा,
क्षत्रिय-समाज पर कल जो प्रलय घिरेगा।

"उसमें न पाण्डवों के विरुद्ध हो लड़ तू,
मत उन्हें मार, या उनके हाथों मर तू।
मेरे ही सुत मेरे सुत को ही मारें,
हो क्रुद्ध परस्पर ही प्रतिशोध उतारें।

"यह विकट दृश्य मुझसे न सहा जायेगा,
अब और न मुझसे मूक रहा जायेगा।
जो छिपकर थी अब तक कुरेदती मन को,
बतला दूँगी वह व्यथा समग्र भुवन को।

"भागी थी तुझको छोड़ कभी जिस भय से,
फिर कभी न हेरा तुझको जिस संशय से,
उस जड़ समाज के सिर पर क़दम धरूँगी,
डर चुकी बहुत, अब और न अधिक डरूँगी।

"थी चाह पंक मन का प्रक्षालित कर लूँ,
मरने के पहले तुझे अंक में भर लूँ।
वह समय आज रण के मिस से आया है,
अवसर मैंने भी क्या अद्‌भुत पाया है!

"बाज़ी तो मैं हार चुकी कब को ही,
लेकिन, विरंचि निकला कितना निर्मोही!
तुझ तक न आज तक दिया कभी भी आने,
यह गोपन जन्म-रहस्य तुझे बतलाने।

"पर, पुत्र! सोच अन्यथा न तू कुछ मन में,
यह भी होता है कभी-कभी जीवन में,
अब दौड़ वत्स! गोदी में वापस आ तू,
आ गया निकट विध्वंस, न देर लगा तू।

"जा भूल द्वेष के ज़हर, क्रोध के विष को,
रे कर्ण! समर में अब मारेगा किसको?
पाँचों पाण्डव हैं अनुज, बड़ा तू ही है,
अग्रज बन रक्षा-हेतु खड़ा तू ही है।

"नेता बन, कर में सूत्र समर का ले तू,
अनुजों पर छत्र विशाल बाहु का दे तू,
संग्राम जीत, कर प्राप्त विजय अति भारी।
जयमुकुट पहन, फिर भोग सम्पदा सारी।

"यह नहीं किसी भी छल का आयोजन है,
रे पुत्र! सत्य ही मैंने किया कथन है।
विश्वास न हो तो शपथ कौन मैं खाऊँ?
किसको प्रमाण के लिए यहाँ बुलवाऊँ?

"वह देख, पश्चिमी तट के पास गगन में,
देवता दीपते जो कनकाभ वसन में,
जिनके प्रताप की किरण अजय अद्‌भुत है,
तू उन्हीं अंशुधर का प्रकाशमय सुत है।"

रुक पृथा पोंछने लगी अश्रु अंचल से,
इतने में आयी गिरा गगन-मण्डल से :
"कुन्ती का सारा कथन सत्य कर जानो,
माँ की आज्ञा बेटा! अवश्य तुम मानो।"

यह कह दिनेश चट उतर गये अम्बर से,
हो गये तिरोहित मिलकर किसी लहर से।
मानो, कुन्ती का भार भयानक पाकर,
वे चले गये दायित्व छोड़ घबराकर।

डूबते सूर्य को नमन निवेदित करके,
कुन्ती के पद की धूल शीश पर धरके।
राधेय बोलने लगा बड़े ही दुःख से :
"तुम मुझे पुत्र कहने आयीं किस मुख से?

"क्या तुम्हें कर्ण से काम? सूत है वह तो,
माता के तन का मल, अपूत है वह तो।
तुम बड़े वंश की बेटी, ठकुरानी हो,
अर्जुन की माता, कुरुकुल की रानी हो।

"मैं नाम-गोत्र से हीन, दीन, खोटा हूँ,
सारथी-पुत्र हूँ, मनुज बड़ा छोटा हूँ।
ठकुरानी! क्या लेकर तुम मुझे करोगी?
मल को पवित्र गोदी में कहाँ धरोगी?

"है कथा जन्म की ज्ञात, न बात बढ़ाओ,
मत छेड़-छेड़ मेरी पीड़ा उकसाओ।
हूँ खूब जानता, किसने मुझे जना था,
किसके प्राणों पर मैं दुर्भार बना था।

"सह विविध यातना मनुज जन्म पाता है,
धरती पर शिशु भूखा-प्यासा आता है;
माँ सहज स्नेह से ही प्रेरित अकुला कर,
पय - पान कराती उर से उसे लगा कर।

"मुख चूम जन्म की क्लान्ति हरण करती है,
दृग से निहार अंग में अमृत भरती है।
पर, मुझे अंक में उठा न ले पायीं तुम,
पय का पहला आहार न दे पायीं तुम।

"उलटे, मुझको असहाय छोड़ कर जल में,
तुम लौट गयीं इज़्ज़त के बड़े महल में।
मैं बचा अगर तो अपने आयुर्बल से,
रक्षा किसने की मेरी काल-कवल से?

"क्या कोर-कसर तुमने कोई भी की थी?
जीवन के बदले साफ़ मृत्यु ही दी थी।
पर, तुमने जब पत्थर का किया कलेजा,
असली माता के पास भाग्य ने भेजा।

"अब जब सब-कुछ हो चुका, शेष दो क्षण हैं,
आख़िरी दाँव पर लगा हुआ जीवन है,
तब प्यार बाँध करके अंचल के पट में,
आयी हो निधि खोजती हुई मरघट में।

"अपना खोया संसार न तुम पाओगी,
राधा माँ का अधिकार न तुम पाओगी।
छीनने स्वत्व उसका तो तुम आयी हो,
पर, कभी बात यह भी मन में लायी हो?

"उसको सेवा, तुमको सुकीर्ति प्यारी है,
तुम ठकुरानी हो, वह केवल नारी है।
तुमने तो तन से मुझे काढ़ कर फेंका,
उसने अनाथ को हृदय लगा कर सेंका।

"उमड़ी न स्नेह की उज्ज्वल धार हृदय से,
तुम सूख गयीं मुझको पाते ही भय से।
पर, राधा ने जिस दिन मुझको पाया था,
कहते हैं, उसको दूध उतर आया था।

"तुमने जनकर भी नहीं पुत्र कर जाना,
उसने पाकर भी मुझे तनय निज माना।
अब तुम्हीं कहो, कैसे आत्मा को मारूँ?
माता कह उसके बदले तुम्हें पुकारूँ?

"अर्जुन की जननी! मुझे न कोई दुःख है,
ज्यों-त्यों मैंने भी ढूँढ़ लिया निज सुख है।
जब भी पीछे की ओर दृष्टि जाती है,
चिन्तन में भी यह बात नहीं आती है।

"आचरण तुम्हारा उचित या कि अनुचित था,
या असमय मेरा जन्म न शील-विहित था!
पर एक बात है, जिसे सोच कर मन में,
मैं जलता ही आया समग्र जीवन में,

"अज्ञातशीलकुलता का विघ्न न माना,
भुजबल को मैंने सदा भाग्य कर जाना।
बाधाओं के ऊपर चढ़ धूम मचा कर,
पाया सब-कुछ मैंने पौरुष को पाकर।

"जन्मा लेकर अभिशाप, हुआ वरदानी,
आया बनकर कंगाल, कहाया दानी।
दे दिये मोल जो भी जीवन ने माँगे,
सिर नहीं झुकाया कभी किसी के आगे।

"पर, हाय, हुआ ऐसा क्यों वाम विधाता?
मुझ वीर पुत्र को मिली भीरु क्यों माता?
जो जमकर पत्थर हुई जाति के भय से,
सम्बन्ध तोड़ भागी दुधमुँहे तनय से।

"मर गयी नहीं वह स्वयं, मार सुत को ही,
जीना चाहा बन कठिन, क्रूर, निर्मोही।
क्या कहूँ देवि! मैं तो ठहरा अनचाहा,
पर तुमने माँ का खूब चरित्र निबाहा।

"था कौन लोभ, थे क्या अरमान हृदय में,
देखा तुमने जिनका अवरोध तनय में?
शायद यह छोटी बात—राजसुख पाओ,
वर किसी भूप को तुम रानी कहलाओ।

"सम्मान मिले, यश बढ़े वधूमण्डल में,
कहलाओ साध्वी, सती वाम भूतल में।
पाओ सुत भी बलवान, पवित्र, प्रतापी,
मुझ-सा अघजन्मा नहीं, मलिन, परितापी।

"सो धन्य हुईं तुम देवि! सभी कुछ पा कर,
कुछ भी न गँवाया तुमने मुझे गँवा कर।
पर अम्बर पर जिनका प्रदीप जलता है,
जिनके अधीन संसार निखिल चलता है।'

"उनकी पोथी में भी कुछ लेखा होगा,
कुछ कृत्य उन्होंने भी तो देखा होगा।
धारा पर सद्यःजात पुत्र का बहना,
माँ का हो वज्र-कठोर दृश्य वह सहना।

"फिर उसका होना मग्न अनेक सुखों में,
जातक असंग का जलना अमित दुःखों में।
हम दोनों जब मर कर वापस जायेंगे,
ये सभी दृश्य फिर से सम्मुख आयेंगे।

"जग की आँखों से अपना भेद छिपाकर,
नर वृथा तृप्त होता मन को समझाकर—
अब रहा न कोई विवर शेष जीवन में,
हम भलीभाँति रक्षित हैं पटावरण में!

"पर, हँसते कहीं अदृश्य जगत् के स्वामी,
देखते सभी कुछ तब भी अन्तर्यामी।
सबको सहेज कर नियति कहीं धरती है,
सब-कुछ अदृश्य पट पर अंकित करती है।

"यदि इस पट पर का चित्र नहीं उज्ज्वल हो,
कालिमा लगी हो, उसमें कोई मल हो,
तो रह जाता क्या मूल्य हमारी जय का,
जग में संचित कलुषित समृद्धि-समुदय का?

"पर, हाय, न तुममें भाव धर्म के जागे,
तुम देख नहीं पायीं जीवन के आगे।
देखा न दीन, कातर बेटे के मुख को,
देखा केवल अपने क्षण-भंगुर सुख को।

"विधि का पहला वरदान मिला जब तुमको,
गोदी में नन्हा दान मिला जब तुमको,
क्यों नहीं वीर - माता बन आगे आयीं?
सबके समक्ष निर्भय होकर चिल्लायीं?

" 'सुन लो, समाज के प्रमुख धर्म-ध्वज-धारी,
सुतवती हो गयी मैं अनब्याही नारी।
अब चाहो तो रहने दो मुझे भवन में,
या जातिच्युत कर मुझे भेज दो वन में।

" 'पर, मैं न प्राण की इस मणि को छोड़ूँगी,
मातृत्व-धर्म से मुख न कभी मोड़ूँगी।
यह बड़े दिव्य उन्मुक्त प्रेम का फल है,
जैसा भी हो, बेटा माँ का सम्बल है।'

"सोचो, जग होकर कुपित दण्ड क्या देता,
कुत्सा, कलंक के सिवा और क्या लेता?
उड़ जाती रज-सी ग्लानि वायु में खुल कर,
तुम हो जातीं परिपूत अनल में घुल कर।

"शायद, समाज टूटता वज्र बन तुम पर,
शायद, घिरते दुःख के कराल घन तुम पर।
शायद, वियुक्त होना पड़ता परिजन से,
शायद, चल देना पड़ता तुम्हें भवन से।

"पर, सह विपत्ति की मार अड़ी रहतीं तुम,
जग के समक्ष निर्भीक खड़ी रहतीं तुम।
पी सुधा ज़हर को देख नहीं घबरातीं,
था किया प्रेम तो बढ़ कर मोल चुकातीं।

"भोगतीं राजसुख रह कर नहीं महल में,
पालतीं खड़ी हो मुझे कहीं तरु-तल में।
लूटतीं जगत् में देवि! कीर्ति तुम भारी,
सत्य ही, कहातीं सती सुचरिता नारी।

"मैं बड़े गर्व से चलता शीश उठाये,
मन को समेट कर मन में नहीं चुराये।
पाता न वस्तु क्या कर्ण पुरुष अवतारी,
यदि उसे मिली होती शुचि गोद तुम्हारी?

"पर, अब सब कुछ हो चुका, व्यर्थ रोना है,
गत पर विलाप करना जीवन खोना है।
जो छूट चुका, कैसे उसको पाऊँगा?
लौटूँगा कितनी दूर? कहाँ जाऊँगा?

"छीना था जो सौभाग्य निदारुण होकर,
देने आयी हो उसे आज तुम रोकर।
गंगा का जल हो चुका, परन्तु, गरल है,
लेना-देना उसका अब, नहीं सरल है।

"खोला न गूढ़ जो भेद कभी जीवन में,
क्यों उसे खोलती हो अब चौथेपन में?
आवरण पड़ा ही सब कुछ पर रहने दो,
बाकी परिभव भी मुझको ही सहने दो।

"पय से वंचित, गोदी से निष्कासित कर,
परिवार, गोत्र, कुल सबसे निर्वासित कर,
फेंका तुमने मुझ भाग्यहीन को जैसे,
रहने दो त्यक्त, विषण्ण आज भी वैसे।

"है वृथा यत्न हे देवि! मुझे पाने का,
मैं नहीं वंश में फिर वापस जाने का।
दी बिता आयु सारी कुलहीन कहा कर,
क्या पाऊँगा अब उसे आज अपना कर?

"यद्यपि जीवन की कथा कलंकमयी है,
मेरे समीप लेकिन, वह नहीं नयी है।
जो कुछ तुमने है कहा बड़े ही दुःख से,
सुन उसे चुका हूँ मैं केशव के मुख से।

"जाने, सहसा तुम सबने क्या पाया है,
जो मुझ पर इतना प्रेम उमड़ आया है!
अब तक न स्नेह से कभी किसी ने हेरा,
सौभाग्य किन्तु, जग पड़ा अचानक मेरा।

"मैं खूब समझता हूँ कि नीति यह क्या है,
असमय में जन्मी हुई प्रीति यह क्या है।
जोड़ने नहीं बिछुड़े वियुक्त कुलजन से,
फोड़ने मुझे आयी हो दुर्योधन से।

"सिर पर आकर जब हुआ उपस्थित रण है,
हिल उठा सोच परिणाम तुम्हारा मन है।
अंक में न तुम मुझको भरने आयी हो,
कुरुपति को कुछ दुर्बल करने आयी हो।

"अन्यथा, स्नेह की वेगमयी यह धारा,
तट को मरोड़, झकझोर, तोड़ कर कारा,
भुज बढ़ा खींचने मुझे न क्यों आयी थी?
पहले क्यों यह वरदान नहीं लायी थी?

"केशव पर चिन्ता डाल, अभय हो रहना,
इस पार्थ भाग्यशाली का भी क्या कहना!
ले गये माँग कर, जनक कवच-कुण्डल को,
जननी कुण्ठित करने आयीं रिपु-बल को।

"लेकिन, यह होगा नहीं, देवि! तुम जाओ,
जैसे भी हो, सुत का सौभाग्य मनाओ।
दें छोड़ भले ही कभी कृष्ण अर्जुन को,
मैं नहीं छोड़नेवाला दुर्योधन को।

"कुरुपति का मेरे रोम-रोम पर ऋण है,
आसान न होना उससे कभी उऋण है।
छल किया अगर, तो क्या जग में यश लूँगा?
प्राण ही नहीं, तो उसे और क्या दूँगा?

"हो चुका धर्म के ऊपर न्योछावर हूँ,
मैं चढ़ा हुआ नैवेद्य देवता पर हूँ।
अर्पित प्रसून के लिए न यों ललचाओ,
पूजा की वेदी पर मत हाथ बढ़ाओ।"

राधेय मौन हो रहा व्यथा निज कह के,
आँखों से झरने लगे अश्रु बह-बह के।
कुन्ती के मुख में वृथा जीभ हिलती थी,
कहने को कोई बात नहीं मिलती थी।

अम्बर पर मोती-गुथे चिकुर फैला कर,
अंजन उँड़ेल सारे जग को नहला कर,
साड़ी में टाँके हुए अनन्त सितारे,
थी घूम रही तिमिरांचल निशा पसारे।

थी दिशा स्तब्ध, नीरव समस्त अग-जग था,
कुंजों में अब बोलता न कोई खग था,
झिल्ली अपना स्वर कभी-कभी भरती थी,
जल में जब-तब मछली छप-छप करती थी।

इस सन्नाटे में दो जन सरित-किनारे,
थे खड़े शिलावत् मूक, भाग्य के मारे।
था सिसक रहा राधेय सोच यह मन में,
क्यों उबल पड़ा असमय विष कुटिल वचन में?

क्या कहे और, यह सोच नहीं पाती थी,
कुन्ती कुत्सा से दीन मरी जाती थी।
आखिर, समेट निज मन को कहा पृथा ने :
"आयी न वेदी पर का मैं फूल उठाने।

"पर के प्रसून को नहीं, नहीं पर-धन को,
थी खोज रही मैं तो अपने ही तन को।
पर, समझ गयी, वह मुझको नहीं मिलेगा,
बिछुड़ी डाली पर कुसुम न आन खिलेगा।

"तब जाती हूँ, क्या और सकूँगी कर मैं?
दूँगी आगे क्या भला और उत्तर मैं?
जो किया दोष जीवन भर दारुण रहकर,
मेटूँगी क्षण में उसे बात क्या कहकर?

"बेटा! सचमुच ही, बड़ी पापिनी हूँ मैं,
मानवी-रूप में विकट साँपिनी हूँ मैं।
मुझ-सी प्रचण्ड अघमयी, कुटिल, हत्यारी,
धरती पर होगी कौन दूसरी नारी?

"तब भी मैंने ताड़ना सुनी जो तुझसे,
मेरा मन पाता वही रहा है मुझसे।
यश ओढ़ जगत् को तो छलती आयी हूँ,
पर, सदा हृदय-तल में जलती आयी हूँ।

"अब भी मन पर है खिंची अग्नि की रेखा,
त्यागते समय मैंने तुझको जब देखा,
पेटिका-बीच मैं डाल रही थी तुझको,
टुक-टुक तू कैसे ताक रहा था मुझको।

"वह टुकुर-टुकुर कातर अवलोकन तेरा,
औ' शिलाभूत सर्पिणी-सदृश मन मेरा,
ये दोनों ही सालते रहे हैं मुझको,
रे कर्ण! सुनाऊँ व्यथा कहाँ तक तुझको?

"लज्जित होकर तू वृथा वत्स! रोता है,
निर्घोष सत्य का कब कोमल होता है!
धिक्कार नहीं तो मैं क्या और सुनूँगी?
काँटे बोये थे, कैसे कुसुम चुनूँगी?

"धिक्कार, ग्लानि, कुत्सा, पछतावे को ही,
लेकर तो बीता है जीवन निर्मोही।
थे अमित बार अरमान हृदय में जागे,
धर दूँ उघार अन्तर मैं तेरे आगे।

"पर, क़दम उठा पायी न ग्लानि में भरकर,
सामने न हो पायी कुत्सा से डरकर।
लेकिन, जब कुरुकुल पर विनाश छाया है,
आख़िरी घड़ी ले प्रलय निकट आया है।

"तब किसी तरह हिम्मत समेट कर सारी,
आयी मैं तेरे पास भाग्य की मारी।
सोचा कि आज भी अगर चूक जाऊँगी,
भीषण अनर्थ फिर रोक नहीं पाऊँगी।

"इसलिए, शक्तियाँ मन की सभी सँजो कर,
सब कुछ सहने के लिए समुद्यत होकर,
आयी थी मैं गोपन-रहस्य बतलाने,
सोदर-वध के पातक से तुझे बचाने।

"सो बता दिया, बेटा किस माँ का तू है,
तेरे तन में किस कुल का दिव्य लहू है।
अब तू स्वतन्त्र है, जो चाहे वह कर तू,
जा भूल द्वेष अथवा अनुजों से लड़ तू।

"कढ़ गयी कलक जो कसक रही थी मन में,
हाँ, एक ललक रह गयी छिन्न जीवन में,
थे मिले लाल छह-छह पर, वाम विधाता,
रह गयी सदा पाँच ही सुतों की माता।

"अभिलाष लिये तो बहुत बड़ी आयी थी,
पर, आस नहीं अपने बल की लायी थी।
था एक भरोसा यही कि तू दानी है,
अपनी अमोघ करुणा का अभिमानी है।

"थी विदित वत्स! तेरी यह कीर्ति निराली,
लौटता न कोई कभी द्वार से खाली।
पर, मैं अभागिनी ही अंचल फैला कर,
जा रही रिक्त, बेटे से भीख न पाकर।

"फिर भी तू जीता रहे, न अपयश जाने,
संसार किसी दिन तुझे पुत्र! पहचाने।
अब आ, क्षण भर मैं तुझे अंक में भर लूँ,
आखिरी बार तेरा आलिंगन कर लूँ।

"ममता जमकर हो गयी शिला जो मन में,
जो क्षीर फूट कर सूख गया था तन में,
वह लहर रहा फिर उर में आज उमड़ कर,
बह रहा हृदय के कूल-किनारे भर कर।

"कुरुकुल की रानी नहीं, कुमारी नारी—
वह दीन, हीन, असहाय, ग्लानि की मारी!
सिर उठा आज प्राणों में झाँक रही है,
तुझ पर ममता के चुम्बन आँक रही है।

"इस आत्म-दाह पीड़िता विषण्ण कली को,
मुझमें भुज खोले हुए दग्ध रमणी को,
छाती से सूत को लगा तनिक रोने दे,
जीवन में पहली बार धन्य होने दे।"

माँ ने बढ़कर जैसे ही कण्ठ लगाया,
हो उठी कण्टकित पुलक कर्ण की काया।
संजीवन-सी छू गयी चीज़ कुछ तन में,
बह चला स्निग्ध प्रस्रवण कहीं से मन में।

पहली वर्षा में मही भींगती जैसे,
भींगता रहा कुछ काल कर्ण भी वैसे।
फिर कण्ठ छोड़ बोला चरणों पर आकर :
"मैं धन्य हुआ बिछुड़ी गोदी को पाकर।

"पर, हाय, स्वत्व मेरा न समय पर लायीं,
माता, सचमुच, तुम बड़ी देर कर आयीं।
अतएव, न्यास अंचल का ले न सकूँगा,
पर, तुम्हें रिक्त जाने भी दे न सकूँगा।

"की पूर्ण सभी की, सभी तरह अभिलाषा,
जाने दूँ कैसे लेकर तुम्हें निराशा?
लेकिन, पड़ता हूँ पाँव, जननि! हठ त्यागो,
बन कर कठोर मुझसे मुझको मत माँगो।

"केवल निमित्त संगर का दुर्योधन है,
सच पूछो तो यह कर्ण-पार्थ का रण है।
छीनो सुयोग मत, मुझे अंक में लेकर,
यश, मुकुट, मान, कुल, जाति, प्रतिष्ठा देकर।

"विष तरह-तरह का हँसकर पीता आया,
बस, एक ध्येय के हित मैं जीता आया।
कर विजित पार्थ को कभी कीर्ति पाऊँगा,
अप्रतिम वीर वसुधा पर कहलाऊँगा।

"आ गयी घड़ी वह प्रण पूरा करने की,
रण में खुलकर मारने और मरने की।
इस समय नहीं मुझमें शैथिल्य भरो तुम,
जीवन-व्रत से मत मुझको विमुख करो तुम।

"अर्जुन से लड़ना छोड़ कीर्ति क्या लूँगा?
क्या स्वयं आप अपने को उत्तर दूँगा?
मेरा चरित्र फिर कौन समझ पायेगा?
सारा जीवन ही उलट-पलट जायेगा।

"तुम दान-दान रट रहीं, किन्तु, क्या माता,
पुत्र ही रहेगा सदा जगत् में दाता?
दुनिया तो उससे सदा सभी कुछ लेगी,
पर, क्या माता भी उसे नहीं कुछ देगी?

"मैं एक कर्ण अतएव, माँग लेता हूँ,
बदले में तुमको चार कर्ण देता हूँ।
छोड़ूँगा मैं तो कभी नहीं अर्जुन को,
तोड़ूँगा कैसे स्वयं पुरातन प्रण को?

"पर, अन्य पाण्डवों पर मैं कृपा करूँगा,
पाकर भी उनका जीवन नहीं हरूँगा।
अब जाओ हर्षित-हृदय सोच यह मन में,
पालूँगा जो कुछ कहा, उसे मैं रण में।"

कुन्ती बोली : "रे हठी, दिया क्या तू ने?
निज को लेकर ले नहीं लिया क्या तू ने?
बनने आयी थी छह पुत्रों की माता,
रह गया वाम का, पर, वाम ही विधाता।

"पाकर न एक को, और एक को खोकर,
मैं चली चार पुत्रों की माता होकर।"
कह उठा कर्ण : "छह और चार को भूलो,
माता, यह निश्चय मान मोद में फूलो।

"जीते जो भी यह समर झेल दुःख भारी,
लेकिन होगी माँ! अन्तिम विजय तुम्हारी।
रण में कट मर कर जो भी हानि सहेंगे,
पाँच के पाँच ही पाण्डव किन्तु रहेंगे।

"कुरुपति न जीत कर निकला अगर समर से,
या मिली वीरगति मुझे पार्थ के कर से,
तुम इसी तरह गोदी की धनी रहोगी,
पुत्रिणी पाँच पुत्रों की बनी रहोगी।

"पर, कहीं काल का कोप पार्थ पर बीता,
वह मरा और दुर्योधन ने रण जीता,
मैं एक खेल फिर जग को दिखलाऊँगा,
जय छोड़ तुम्हारे पास चला आऊँगा।

"जग में जो भी निर्दलित, प्रताड़ित जन हैं,
जो भी निहीन हैं, निन्दित हैं, निर्धन हैं,
यह कर्ण उन्हीं का सखा, बन्धु, सहचर है,
विधि के विरुद्ध ही उसका रहा समर है।

"सच है कि पाण्डवों को न राज्य का सुख है,
पर, केशव जिनके साथ, उन्हें क्या दुःख है?
उनसे बढ़कर मैं क्या उपकार करूँगा?
है कौन त्रास, केवल मैं जिसे हरूँगा?

"हाँ, अगर पाण्डवों की न चली इस रण में,
वे हुए हतप्रभ किसी तरह जीवन में,
राधेय न कुरुपति का सह-जेता होगा,
वह पुनः निःस्व दलितों का नेता होगा।

"है अभी उदय का लग्न, दृश्य सुन्दर है,
सब ओर पाण्डु-पुत्रों की कीर्ति प्रखर है।
अनुकूल ज्योति की घड़ी न मेरी होगी,
मैं आऊँगा जब रात अँधेरी होगी।

"यश, मान, प्रतिष्ठा, मुकुट नहीं लेने को,
आऊँगा कुल को अभयदान देने को।
परिभव, प्रदाह, भ्रम, भय हरने आऊँगा,
दुःख में अनुजों को भुज भरने आऊँगा।

"भीषण विपत्ति में उन्हें जननि! अपनाकर,
बाँटने दुःख आऊँगा हृदय लगाकर।
तम में नवीन आभा भरने आऊँगा,
क़िस्मत को फिर ताज़ा करने आऊँगा।

"पर, नहीं, कृष्ण के कर की छाँह जहाँ है,
रक्षिका स्वयं अच्युत की बाँह जहाँ है,
उस भाग्यवान का भाग्य क्षार क्यों होगा?
सामने किसी दिन अन्धकार क्यों होगा?

"मैं देख रहा हूँ कुरुक्षेत्र के रण को,
नाचते हुए, मनुजों पर, महामरण को।
शोणित से सारी मही क्लिन्न, लथपथ है,
जा रहा किन्तु, निर्बाध पार्थ का रथ है।

"हैं काट रहे हरि आप तिमिर की कारा,
अर्जुन के हित बह रही उलट कर धारा।
शत पाश व्यर्थ रिपु का दल फैलाता है,
वह जाल तोड़ हर बार निकल जाता है।

"मैं देख रहा हूँ जननि! कि कल क्या होगा,
इस महा समर का अन्तिम फल क्या होगा।
लेकिन, तब भी मन तनिक न घबराता है,
उत्साह और दुगुना बढ़ता जाता है।

"बज चुका काल का पटह, भयानक क्षण है,
दे रहा निमन्त्रण सबको महामरण है।
छाती के पूरे पुरुष प्रलय झेलेंगे,
झञ्झा की उलझी लटें खींच खेलेंगे।

"कुछ भी न बचेगा शेष अन्त में जाकर,
विजयी होगा सन्तुष्ट तत्त्व क्या पाकर?
कौरव विलीन जिस पथ पर हो जायेंगे,
पाण्डव क्या उससे भिन्न राह पायेंगे?

"है एक पन्थ कोई जीते या हारे,
खुद मरे, या कि, बढ़कर दुश्मन को मारे।
एक ही देश दोनों को जाना होगा,
बचने का कोई नहीं बहाना होगा।

"निस्सार द्रोह की क्रिया, व्यर्थ यह रण है,
खोखला हमारा और पार्थ का प्रण है।
फिर भी जाने किसलिए न हम रुकते हैं,
चाहता जिधर को काल, उधर झुकते हैं।

"जीवन-सरिता की बड़ी अनोखी गति है,
कुछ समझ नहीं पाती मानव की मति है।
बहती प्रचण्डता से सबको अपनाकर,
सहसा खो जाती महासिन्धु को पाकर।

"फिर लहर, धार, बुद्बुद् की नहीं निशानी,
सबकी रह जाती केवल एक कहानी।
सब मिल हो जाते विलय एक ही जल में,
मूर्तियाँ पिघल मिल जातीं धातु तरल में।

"सो, इसी पुण्य-भू कुरुक्षेत्र में कल से,
लहरें हो एकाकार मिलेंगी जल से।
मूर्तियाँ ख़ूब आपस में टकरायेंगी,
तारल्य-बीच फिर गलकर खो जायेंगी।

"आपस में हों हम खरे याकि हों खोटे,
पर, काल बली के लिए सभी हैं छोटे,
छोटे होकर कल से सब साथ मरेंगे,
शत्रुता न जानें कहाँ समेट धरेंगे?

"लेकिन, चिन्ता यह वृथा, बात जाने दो,
जैसा भी हो, कल का प्रभाव आने दो।
दीखती किसी भी तरफ़ न उजियाली है,
सत्य ही, आज की रात बड़ी काली है।

"चन्द्रमा-सूर्य तम में जब छिप जाते हैं,
किरणों के अन्वेषी जब अकुलाते हैं,
तब धूमकेतु, बस, इसी तरह आता है,
रोशनी ज़रा मरघट में फैलाता है।"

हो रहा मौन राधेय चरण को छूकर,
दो बिन्दु अश्रु के गिरे दृगों से चूकर।
बेटे का मस्तक सूँघ, बड़े ही दुःख से,
कुन्ती लौटी कुछ कहे बिना ही मुख से।

षष्ठ सर्ग

[1]

नरता कहते हैं जिसे, सत्त्व
क्या वह केवल लड़ने में है?
पौरुष क्या केवल उठा खड्ग
मारने और मरने में है?
तब उस गुण को क्या कहें
मनुज जिससे न मृत्यु से डरता है?
लेकिन, तब भी मारता नहीं,
वह स्वयं विश्व-हित मरता है।

है वन्दनीय नर कौन? विजय-हित
जो करता है प्राण हरण?
या सबकी जान बचाने को
देता है जो अपना जीवन?
चुनता आया जय-कमल आज तक

विजयी सदा कृपाणों से,
पर, आह निकलती ही आयी
हर बार मनुज के प्राणों से।

आकुल अन्तर की आह मनुज की
इस चिन्ता से भरी हुई,
इस तरह रहेगी मानवता
कब तक मनुष्य से डरी हुई?
पाशविक वेग की लहर लहू में
कब तक धूम मचायेगी?
कब तक मनुष्यता पशुता के
आगे यों झुकती जायेगी?

यह ज़हर न छोड़ेगा उभार?
अंगार न क्या बुझ पायेंगे?
हम इसी तरह क्या हाय, सदा
पशु के पशु ही रह जायेंगे?
किसका सिंगार? किसकी सेवा?
नर का ही जब कल्याण नहीं?
किसके विकास की कथा? जनों के
ही रक्षित जब प्राण नहीं?

इस विस्मय का क्या समाधान?
रह-रह कर यह क्या होता है?
जो है अग्रणी वही सबसे
आगे बढ़ धीरज खोता है।

फिर उसकी क्रोधाकुल पुकार
सबको बेचैन बनाती है,
नीचे कर क्षीण मनुजता को
ऊपर पशुत्व को लाती है।

हाँ, नर के मन का सुधाकुण्ड
लघु है, अब भी कुछ रीता है,
वय अधिक आज तक व्यालों के
पालन-पोषण में बीता है।
ये व्याल नहीं चाहते, मनुज
भीतर का सुधाकुण्ड खोले,
जब ज़हर सभी के मुख में हो
तब वह मीठी बोली बोले।

थोड़ी-सी भी यह सुधा मनुज का
मन शीतल कर सकती है,
बाहर की अगर नहीं, पीड़ा
भीतर की तो हर सकती है।
लेकिन धीरता किसे? अपने
सच्चे स्वरूप का ध्यान करे,
जब ज़हर वायु में उड़ता हो
पीयूष-विन्दु का पान करे।

पाण्डव यदि केवल पाँच ग्राम
लेकर सुख से रह सकते थे,
तो विश्व-शान्ति के लिए दुःख
कुछ और न क्या सह सकते थे?

सुन कुटिल वचन दुर्योधन का
केशव ने क्यों यह कहा नहीं :
"हम तो आये थे शान्ति-हेतु,
पर, तुम चाहो जो, वही सही।

"तुम भड़काना चाहते अनल
धरती का भाग जलाने को,
नरता के नव्य प्रसूनों को
चुन-चुन कर क्षार बनाने को।
पर, शान्ति-सुन्दरी के सुहाग
पर आग नहीं धरने दूँगा,
जब तक जीवित हूँ, तुम्हें
बान्धवों से न युद्ध करने दूँगा।

"लो, सुखी रहो, सारे पाण्डव
फिर एक बार वन जायेंगे,
इस बार, माँगने को अपना
वे स्वत्व न वापस आयेंगे।
धरती की शान्ति बचाने को
आजीवन कष्ट सहेंगे वे,
नूतन प्रकाश फैलाने को
तप में मिल निरत रहेंगे वे।

शत लक्ष मानवों के सम्मुख
दस-पाँच जनों का सुख क्या है?
यदि शान्ति विश्व की बचती हो,
वन में बसने में दुःख क्या है?

सच है कि पाण्डुनन्दन वन में
सम्राट् नहीं कहलायेंगे,
पर, काल-ग्रन्थ में उससे भी
वे कहीं श्रेष्ठ पद पायेंगे।

"होकर कृतज्ञ आनेवाला युग
मस्तक उन्हें झुकायेगा,
नवधर्म - विधायक की प्रशस्ति
संसार युगों तक गायेगा।
सीखेगा जग, हम दलन युद्ध का
कर सकते, त्यागी होकर,
मानव - समाज का नयन मनुज
कर सकता वैरागी होकर।"

पर, नहीं, विश्व का अहित नहीं
होता क्या ऐसा कहने से?
प्रतिकार अनय का हो सकता
क्या उसे मौन हो सहने से?
क्या वही धर्म है, लौ जिसकी
दो-एक मनों में जलती है?
या वह भी जो भावना सभी
के भीतर छिपी मचलती है?

सबकी पीड़ा के साथ व्यथा
अपने मन की जो जोड़ सके,
मुड़ सके जहाँ तक समय, उसे
निर्दिष्ट दिशा में मोड़ सके।

युगपुरुष वही सारे समाज का
विहित धर्मगुरु होता है,
सबके मन का जो अन्धकार
अपने प्रकाश से धोता है।

द्वापर की कथा बड़ी दारुण,
लेकिन, कलि ने क्या दान दिया?
नर के वध की प्रक्रिया बढ़ी
कुछ और उसे आसान किया।
पर, हाँ, जो युद्ध स्वर्ग-मुख था,
वह आज निन्द्य-सा लगता है।
बस, इसी मन्दता से विकास का
भाव मनुज में जगता है।

धीमी कितनी गति है? विकास
कितना अदृश्य हो चलता है?
इस महावृक्ष में एक पत्र
सदियों के बाद निकलता है।
थे जहाँ सहस्रों वर्ष पूर्व,
लगता है वहीं खड़े हैं हम।
है वृथा गर्व, उन गुफावासियों से
कुछ बहुत बड़े हैं हम।

अनगढ़ पत्थर से लड़ो, लड़ो
किटकिटा नखों से, दाँतों से,
या लड़ो ऋक्ष के रोमगुच्छ-पूरित
वज्रीकृत हाथों से;

या चढ़ विमान पर नर्म मुट्ठियों से
गोलों की वृष्टि करो,
आ जाय लक्ष्य में जो कोई,
निष्ठुर हो सबके प्राण हरो।

ये तो साधन के भेद, किन्तु,
भावों में तत्त्व नया क्या है?
क्या खुली प्रेम की आँख अधिक?
भीतर कुछ बढ़ी दया क्या है?
झर गयी पूँछ, रोमान्त झरे,
पशुता का झरना बाक़ी है;
बाहर-बाहर तन सँवर चुका,
मन अभी सँवरना बाक़ी है।

देवत्व अल्प, पशुता अथोर,
तमतोम प्रचुर, परिमित आभा,
द्वापर के मन पर भी प्रसरित
थी यही, आज वाली, द्वाभा।
बस, इसी तरह, तब भी ऊपर
उठने को नर अकुलाता था,
पर पद-पद पर वासना-जाल में
उलझ - उलझ रह जाता था।

औ' जिस प्रकार हम आज बेल-
बूटों के बीच खचित करके,
देते हैं रण को रम्य रूप
विप्लवी उमंगों में भरके;

कहते, अनीतियों के विरुद्ध
जो युद्ध जगत् में होता है,
वह नहीं ज़हर का कोष, अमृत का
बड़ा सलोना सोता है।

बस, इसी तरह, कहता होगा
द्वाभा-शासित द्वापर का नर,
निष्ठुरताएँ हों भले, किन्तु,
है महामोक्ष का द्वार समर।
सत्य ही, समुन्नति के पथ पर
चल रहा चतुर मानव प्रबुद्ध,
कहता है क्रान्ति उसे, जिसको
पहले कहता था धर्मयुद्ध।

सो, धर्मयुद्ध छिड़ गया, स्वर्ग
तक जाने के सोपान लगे,
सद्गतिकामी नर-वीर खड्ग से
लिपट गँवाने प्राण लगे।
छा गया तिमिर का सघन जाल,
मुँद गये मनुज के ज्ञान-नेत्र,
द्वाभा की गिरा पुकार उठी :
"जय धर्मक्षेत्र! जय कुरुक्षेत्र!"

हाँ, धर्मक्षेत्र इसलिए कि बन्धन
पर अबन्ध की जीत हुई,
कर्तव्यज्ञान पीछे छूटा,
आगे मानव की प्रीत हुई।

प्रेमातिरेक में केशव ने
प्रण भूल चक्र सन्धान किया,
भीष्म ने शत्रु को बड़े प्रेम से
अपना जीवन दान दिया।

[2]

गिरि का उदग्र गौरवाधार
गिर जाय शृंग ज्यों महाकार,
अथवा सूना कर आसमान
ज्यों गिरे टूट रवि भासमान,
कौरव-दल का कर तेज हरण
त्यों गिरे भीष्म आलोकवरण।

कुरुकुल का दीपित ताज गिरा,
थक कर बूढ़ा जब बाज़ गिरा,
भूलुठित पितामह को विलोक,
छा गया समर में महा शोक।
कुरुपति ही धैर्य न खोता था,
अर्जुन का मन भी रोता था।

रो-धो कर तेज नया दमका,
दूसरा सूर्य सिर पर चमका,
कौरवी तेज दुर्जेय उठा,
रण करने को राधेय उठा,
सबके रक्षक गुरु आर्य हुए,
सेना - नायक आचार्य हुए।

राधेय, किन्तु जिनके कारण,
था अब तक किये मौन धारण,
उनका शुभ आशिष पाने को,
अपना सद्धर्म निभाने को,
वह शर-शय्या की ओर चला,
पग-पग हो विनय-विभोर चला।
छू भीष्मदेव के चरण युगल,
बोला वाणी राधेय सरलः
"हे तात! आपका प्रोत्साहन,
पा सका नहीं जो लाञ्छित जन,
यह वही सामने आया है,
उपहार अश्रु का लाया है।

"आज्ञा हो तो अब धनुष धरूँ,
रण में चलकर कुछ काम करूँ,
देखूँ, है कौन प्रलय उतरा,
जिससे डगमग हो रही धरा।
कुरुपति को विजय दिलाऊँ मैं,
या स्वयं वीरगति पाऊँ मैं।

"अनुचर के दोष क्षमा करिये,
मस्तक पर वरद पाणि धरिये,
आख़िरी मिलन की वेला है,
मन लगता बड़ा अकेला है।
मद-मोह त्यागने आया हूँ,
पद-धूलि माँगने आया हूँ।"

भीष्म ने खोल निज सजल नयन,
देखे कर्ण के आर्द्र लोचन,
बढ़ खींच पास में ला करके,
छाती से उसे लगा करके,
बोले : "क्या तत्त्व विशेष बचा?
बेटा, आँसू ही शेष बचा।
"मैं रहा रोकता ही क्षण-क्षण,
पर हाय, हठी यह दुर्योधन,
अंकुश विवेक का सह न सका,
मेरे कहने में रह न सका,
क्रोधान्ध, भ्रान्त, मद में विभोर,
ले ही आया संग्राम घोर।

"अब कहो, आज क्या होता है?
किसका समाज यह रोता है?
किसका गौरव, किसका सिंगार,
जल रहा पंक्ति के आर-पार?
किसका वन-बाग़ उजड़ता है?
यह कौन मारता-मरता है?

"फूटता द्रोह-दव का पावक,
हो जाता सकल समाज नरक,
सबका वैभव, सबका सुहाग,
जाती डकार यह कुटिल आग।
जब बन्धु विरोधी होते हैं,
सारे कुलवासी रोते हैं।

"इसलिए, पुत्र! अब भी रुककर,
मन में सोचो, यह महासमर,
किस ओर तुम्हें ले जायेगा?
फल अलभ कौन दे पायेगा?
मानवता ही मिट जायेगी,
फिर विजय सिद्धि क्या लायेगी?

"ओ मेरे प्रतिद्वन्द्वी मानी!
निश्छल, पवित्र, गुणमय, ज्ञानी!
मेरे मुख से सुन परुष वचन,
तुम वृथा मलिन करते थे मन।
मैं नहीं निरा अवशंसी था,
मन-ही-मन बड़ा प्रशंसी था।

"सो भी इसलिए कि दुर्योधन,
पा सदा तुम्हीं से आश्वासन,
मुझको न मानकर चलता था,
पग-पग पर रूठ मचलता था।
अन्यथा पुत्र! तुमसे बढ़कर
मैं किसे मानता वीर प्रवर?

"पार्थोपम रथी, धनुर्धारी,
केशव-समान रणभट भारी,
धर्मज्ञ, धीर, पावन-चरित्र,
दीनों-दलितों के विहित मित्र,
अर्जुन को मिले कृष्ण जैसे,
तुम मिले कौरवों को वैसे।

"पर हाय, वीरता का सम्वल,
रह जायेगा धनु ही केवल?
या शान्ति-हेतु शीतल, शुचि श्रम,
भी कभी करेंगे वीर परम?
ज्वाला भी कभी बुझायेंगे?
या लड़कर ही मर जायेंगे?
"चल सके सुयोधन पर यदि वश,
बेटा! लो जग में नया सुयश,
लड़ने से बढ़ यह काम करो,
आज ही बन्द संग्राम करो।
यदि इसे रोक तुम पाओगे,
जग के त्राता कहलाओगे।

"जा कहो वीर दुर्योधन से,
कर दूर द्वेष-विष को मन से,
वह मिले पाण्डवों से जाकर,
मरने दे मुझे शान्ति पाकर।
मेरा अन्तिम बलिदान रहे,
सुख से सारी सन्तान रहे।"

"हे पुरुष सिंह!" कर्ण ने कहा :
"अब और पन्थ क्या शेष रहा?
संकटापन्न जीवन-समान,
है बीच सिन्धु में महायान;
इस पार शान्ति, उस पार विजय,
अब क्या हो भला नया निश्चय?

"जय मिले बिना विश्राम नहीं,
इस समय सन्धि का नाम नहीं,
आशिष दीजिये, विजय कर रण,
फिर देख सकूँ ये भव्य चरण;
जलयान सिन्धु से तार सकूँ;
सबको मैं पार उतार सकूँ।

"कल तक था पथ शान्ति का सुगम,
पर, हुआ आज वह अति दुर्गम,
अब उसे देख ललचाना क्या?
पीछे को पाँव हटाना क्या?
जय को कर लक्ष्य चलेंगे हम,
अरि-दल का गर्व दलेंगे हम।

"हे महाभाग, कुछ दिन जीकर,
देखिये और यह महासमर,
मुझको भी प्रलय मचाना है,
कुछ खेल नया दिखलाना है;
इस दम तो मुख मोड़िये नहीं;
मेरी हिम्मत तोड़िये नहीं।

"करने दीजिये स्वव्रत पालन,
अपने महान् प्रतिभट से रण,
अर्जुन का शीश उड़ाना है,
कुरुपति का हृदय जुड़ाना है।
करने को पिता! अमर मुझको,
है बुला रहा संगर मुझको।"

गांगेय निराशा में भर कर,
बोले : "तब हे नरवीर प्रवर!
जो भला लगे, वह काम करो,
जाओ, रण में लड़ नाम करो।
भगवान् शमित विष तूर्ण करें;
अपनी इच्छाएँ पूर्ण करें।"
भीष्म का चरण-वन्दन करके,
ऊपर सूर्य को नमन करके,
देवता वज्र-धनु-धारी सा,
केसरी अभय मगचारी-सा,
राधेय समर की ओर चला,
करता गर्जन घनघोर चला,

पाकर प्रसन्न आलोक नया,
कौरव-सेना का शोक गया,
आशा की नवल तरंग उठी,
जन-जन में नयी उमंग उठी,
मानों, बाणों का छोड़ शयन,
आ गये स्वयं गंगानन्दन।

सेना समग्र हुंकार उठी,
'जय-जय राधेय!' पुकार उठी,
उल्लास मुक्त हो छहर उठा,
रण-जलधि घोष में घहर उठा,
बज उठी समर-भेरी भीषण,
हो गया शुरू संग्राम गहन।

सागर-सा गर्जित, क्षुभित घोर,
विकराल दण्डधर-सा कठोर,
अरिदल पर कुपित कर्ण टूटा,
धनु पर चढ़ महामरण छूटा।
ऐसी पहली ही आग चली,
पाण्डव की सेना भाग चली।
झंझा की घोर झकोर चली,
डालों को तोड़-मरोड़ चली,
पेड़ों की जड़ टूटने लगी,
हिम्मत सब की छूटने लगी,
ऐसा प्रचण्ड तूफ़ान उठा,
पर्वत का भी हिल प्राण उठा।

प्लावन का पा दुर्जय प्रहार,
जिस तरह काँपती है कगार,
या चक्रवात में यथा कीर्ण,
उड़ने लगते पत्ते विशीर्ण,
त्यों उठा काँप थर-थर अरिदल,
मच गयी बड़ी भीषण हलचल।

सब रथी व्यग्र बिललाते थे,
कोलाहल रोक न पाते थे।
सेना को यों बेहाल देख,
सामने उपस्थित काल देख,
गरजे अधीर हो मधुसूदन,
बोले पार्थ से निगूढ़ वचन।

"दे अचिर सैन्य का अभयदान,
अर्जुन! अर्जुन! हो सावधान,
तू नहीं जानता है यह क्या,
करता न शत्रु पर कर्ण दया?
दाहक प्रचण्ड इसका बल है,
यह मनुज नहीं, कालानल है।
"बड़वानल, यम या कालपवन,
करते जब कभी कोप भीषण
सारा सर्वस्व न लेते हैं,
उच्छिष्ट छोड़ कुछ देते हैं।
पर, इसे क्रोध जब आता है;
कुछ भी न शेष रह पाता है।

"बाणों का अप्रतिहत प्रहार,
अप्रतिम तेज, पौरुष अपार,
त्यों गर्जन पर गर्जन निर्भय,
आ गया स्वयं सामने प्रलय,
तू इसे रोक भी पायेगा?
या खड़ा मूक रह जायेगा।

"यह महामत्त मानव-कुञ्जर,
कैसे अशंक हो रहा विचर,
कर को जिस ओर बढ़ता है,
पथ उधर स्वयं बन जाता है।
तू नहीं शरासन तानेगा,
अंकुश किसका यह मानेगा?

"अर्जुन! विलम्ब पातक होगा,
शैथिल्य प्राण-घातक होगा,
उठ जाग वीर! मूढ़ता छोड़,
धर धनुष-बाण अपना कठोर।
तू नहीं जोश में आयेगा,
आज ही समर चुक जायेगा।"
केशव का सिंह दहाड़ उठा,
मानों चिंग्घार पहाड़ उठा।
बाणों की फिर लग गयी झड़ी,
भागती फ़ौज हो गयी खड़ी।
जूझने लगे कौन्तेय-कर्ण,
ज्यों लड़ें परस्पर दो सुपर्ण।

एक ही वृन्त के दो कुड्मल, एक ही कुक्षि के दो कुमार,
एक ही वंश के दो भूषण, विभ्राट्, वीर, पर्वताकार।
बेधने परस्पर लगे सहज-सोदर शरीर में प्रखर बाण,
दोनों की किंशुक देह हुई, दोनों के पावक हुए प्राण।

अन्धड़ बन कर उन्माद उठा,
दोनों दिशि जय-जयकार हुई।
दोनों पक्षों के वीरों पर,
मानो, भैरवी सवार हुई।
कट-कट कर गिरने लगे क्षिप्र,
रुण्डों से मुण्ड अलग होकर,
बह चली मनुज के शोणित की
धारा पशुओं के पग धोकर।

लेकिन, था कौन, हृदय जिसका,
कुछ भी यह देख दहलता था?
था कौन, नरों की लाशों पर,
जो नहीं पाँव धर चलता था?
तन्वी करुणा की झलक झीन
किसको दिखलायी पड़ती थी?
किसको कटकर मरनेवालों की
चीख़ सुनायी पड़ती थी?

केवल अलात का घूर्णि-चक्र,
केवल वज्रायुध का प्रहार,
केवल विनाशकारी नर्तन,
केवल गर्जन, केवल पुकार।
है कथा, द्रोण की छाया में
यों पाँच दिनों तक युद्ध चला,
क्या कहें, धर्म पर कौन रहा,
या उसके कौन विरुद्ध चला?

था किया भीष्म पर पाण्डव ने,
जैसे छल-छद्मों से प्रहार,
कुछ उसी तरह निष्ठुरता से
हत हुआ वीर अर्जुन-कुमार!
फिर भी, भावुक कुरुवृद्ध भीष्म,
थे युग पक्षों के लिए शरण,
कहते हैं, होकर विकल,
मृत्यु का किया उन्होंने स्वयं वरण।

अर्जुन-कुमार की कथा, किन्तु,
अब तक भी हृदय हिलाती है,
सभ्यता नाम लेकर उसका
अब भी रोती, पछताती है।
पर, हाय, युद्ध अन्तक-स्वरूप,
अन्तक-सा ही दारुण कठोर,
देखता नहीं ज्यायान् - युवा,
देखता नहीं बालक - किशोर।

सूत के वध की सुन कथा पार्थ का,
दहक उठा शोकार्त हृदय,
फिर किया क्रुद्ध होकर उसने,
तब महा लोमहर्षक निश्चय :
"कल अस्तकाल के पूर्व जयद्रथ
को न मार यदि पाऊँ मैं,
सौगन्ध धर्म की मुझे, आग में
स्वयं कूद जल जाऊँ मैं।"

तब कहते हैं अर्जुन के हित,
हो गया प्रकृति-क्रम विपर्यस्त,
माया की सहसा शाम हुई,
असमय दिनेश हो गये अस्त।
ज्यों-त्यों करके इस भाँति वीर
अर्जुन का वह प्रण पूर्ण हुआ,
सिर कटा जयद्रथ का, मस्तक
निर्दोष पिता का चूर्ण हुआ।

हाँ, यह भी हुआ कि सात्यकि से,
जब निपट रहा था भूरिश्रवा,
पार्थ ने काट ली, अनाहूत,
शर से उसकी दाहिनी भुजा।
औ' भूरिश्रवा अनशन करके,
जब बैठ गया लेकर मुनि-व्रत,
सात्यकि ने मस्तक काट लिया,
जब था वह निश्चल, योग-निरत।

है वृथा धर्म का किसी समय,
करना विग्रह के साथ ग्रथन,
करुणा से कढ़ता धर्म विमल,
है मलिन पुत्र हिंसा का रण।
जीवन के परम ध्येय—सुख—को
सारा समाज अपनाता है,
देखना यही है कौन वहाँ
तक किस प्रकार से जाता है?

है धर्म पहुँचना नहीं, धर्म तो
जीवन भर चलने में है।
फैला कर पथ पर स्निग्ध ज्योति
दीपक समान जलने में है।
यदि कहें विजय, तो विजय प्राप्त
हो जाती परतापी को भी,
सत्य ही, पुत्र, दारा, धन, जन;
मिल जाते हैं पापी को भी।

इसलिए, ध्येय में नहीं, धर्म तो
सदा निहित, साधन में है,
वह नहीं किसी भी प्रधन-कर्म,
हिंसा, विग्रह या रण में है।
तब भी जो नर चाहते, धर्म,
समझे मनुष्य संहारों को,
गूँथना चाहते वे, फूलों के
साथ तप्त अंगारों को।

हो जिसे धर्म से प्रेम कभी
वह कुत्सित कर्म करेगा क्या?
बर्बर, कराल, दंष्ट्री बन कर
मारेगा और मरेगा क्या?
पर, हाय, मनुज के भाग्य अभी
तक भी खोटे के खोटे हैं,
हम बढ़े बहुत बाहर, भीतर
लेकिन, छोटे के छोटे हैं।

संग्राम धर्मगुण का विशेष्य
किस तरह भला हो सकता है?
कैसे मनुष्य अंगारों से
अपना प्रदाह धो सकता है?
सर्पिणी - उदर से जो निकला,
पीयूष नहीं दे पायेगा,
निश्छल होकर संग्राम धर्म का
साथ न कभी निभायेगा।

मानेगा यह दंष्ट्री कराल
विषधर भुजंग किसका यन्त्रण?
पल-पल अति को कर धर्मसिक्त
नर कभी जीत पाया है रण?
जो ज़हर हमें बरबस उभार,
संग्राम - भूमि में लाता है,
सत्पथ से कर विचलित अधर्म
की ओर वही ले जाता है।

साधन को भूल सिद्धि पर जब
टकटकी हमारी लगती है,
फिर विजय छोड़ भावना और
कोई न हृदय में जगती है।
तब जो भी आते विघ्न रूप,
हो धर्म, शील या सदाचार,
एक ही सदृश हम करते हैं
सबके सिर पर पाद - प्रहार।

उतनी भी पीड़ा हमें नहीं
होती है इन्हें कुचलने में,
जितनी होती है रोज़ कंकड़ों
के ऊपर हो चलने में।
सत्य ही, ऊर्ध्व - लोचन कैसे
नीचे मिट्टी का ज्ञान करे?
जब बड़ा लक्ष्य हो खींच रहा,
छोटी बातों का ध्यान करे?

चलता हो अन्ध ऊर्ध्व-लोचन,
जानता नहीं, क्या करता है,
नीचे पथ में है कौन? पाँव
जिसके मस्तक पर धरता है।
काटता शत्रु को वह लेकिन,
साथ ही, धर्म कट जाता है,
फाड़ता विपक्षी को, अन्तर
मानवता का फट जाता है।

वासना-वह्नि से जो निकला,
कैसे हो वह संयुग कोमल?
देखने हमें देगा वह क्यों,
करुणा का पन्थ सुगम शीतल?
जब लोभ सिद्धि का आँखों पर,
माँड़ी बन कर छा जाता है
तब वह मनुष्य से बड़े-बड़े
दुश्चिन्त्य कृत्य करवाता है।

फिर क्या विस्मय, कौरव-पाण्डव
भी नहीं धर्म के साथ रहे?
जो रंग युद्ध का है, उससे,
उनके भी अलग न हाथ रहे।
दोनों ने कालिख छुई, शीश पर,
जय का तिलक लगाने को,
सत्पथ से दोनों डिगे, दौड़कर,
विजय-विन्दु तक जाने को।

इस विजय-द्वन्द्व के बीच युद्ध के
दाहक कई दिवस बीते;
पर, विजय किसे मिल सकती थी,
जब तक थे द्रोण-कर्ण जीते?
था कौन सत्य-पथ पर डटकर,
जो उनसे योग्य समर करता?
धर्म से मार कर उन्हें जगत् में,
अपना नाम अमर करता?

था कौन, देखकर उन्हें समर में
जिसका हृदय न कँपता था?
मन-ही-मन जो निज इष्ट देव का
भय से नाम न जपता था?
कमलों के वन को जिस प्रकार
विदलित करते मदकल कुञ्जर,
थे विचर रहे पाण्डव-दल में
त्यों मचा ध्वंस दोनों नरवर।

संग्राम-बुभुक्षा से पीड़ित,
सारे जीवन से छला हुआ,
राधेय पाण्डवों के ऊपर
दारुण अमर्ष से जला हुआ;
इस तरह शत्रुदल पर टूटा,
जैसे हो दावानल अजेय,
या टूट पड़े हों स्वयं स्वर्ग से
उतर मनुज पर कार्त्तिकेय।

संघटित या कि उनचास मरुत
कर्ण के प्राण में छाये हों,
या कुपित सूर्य आकाश छोड़
नीचे भूतल पर आये हों।
अथवा रण में हो गरज रहा
धनु लिये अचल प्रालेयवान,
या महाकाल बन टूटा हो
भू पर ऊपर से गरुत्मान।

बाणों पर बाण सपक्ष उड़े,
हो गया शत्रुदल खण्ड-खण्ड,
जल उठी कर्ण के पौरुष की
कालानल-सी ज्वाला प्रचण्ड।
दिग्गज-दराज वीरों की भी
छाती प्रहार से उठी हहर,
सामने प्रलय को देख गये
गजराजों के भी पाँव उखड़।

जन-जन के जीवन पर कराल,
दुर्मद कृतान्त जब कर्ण हुआ,
पाण्डव-सेना का ह्रास देख
केशव का वदन विवर्ण हुआ।
सोचने लगे, छूटेंगे क्या
सबके विपन्न आज ही प्राण?
सत्य ही, नहीं क्या है कोई
इस कुपित प्रलय का समाधान?

"है कहाँ पार्थ? है कहाँ पार्थ?"
राधेय गरजता था क्षण-क्षण।
"करता क्यों नहीं प्रकट होकर,
अपने कराल प्रतिभट से रण?
क्या इन्हीं मूलियों से मेरी
रणकला निबट रह जायेगी?
या किसी वीर पर भी अपना,
वह चमत्कार दिखलायेगी?

"हो छिपा जहाँ भी पार्थ, सुने,
अब हाथ समेटे लेता हूँ,
सबके समक्ष द्वैरथ-रण की,
मैं उसे चुनौती देता हूँ।
हिम्मत हो तो वह बढ़े,
व्यूह से निकल ज़रा सम्मुख आये,
दे मुझे जन्म का लाभ और
साहस हो तो ख़ुद भी पाये।"

पर, चतुर पार्थ-सारथी आज,
रथ अलग नचाये फिरते थे,
कर्ण के साथ द्वैरथ-रण से,
शिष्य को बचाये फिरते थे।
चिन्ता थी, एकघ्नी कराल,
यदि द्विरथ-युद्ध में छूटेगी,
पार्थ का निधन होगा, क़िस्मत,
पाण्डव-समाज की फूटेगी।

नटनागर ने इसलिए, युक्ति का
नया योग सन्धान किया,
एकघ्नि-हव्य के लिए घटोत्कच
का हरि ने आह्वान किया।
बोले : "बेटा! क्या देख रहा?
हाथ से विजय जाने पर है,
अब सबका भाग्य एक तेरे
कुछ करतब दिखलाने पर है।

"यह देख, कर्ण की विशिख-वृष्टि
कैसी कराल झड़ लाती है?
गो के समान पाण्डव-सेना
भय-विकल भागती जाती है।
तिल भर भी भूमि न कहीं खड़े
हों जहाँ लोग सुस्थिर क्षण-भर,
सारी रण-भू पर बरस रहे
एक ही कर्ण के बाण प्रखर।

"यदि इसी भाँति सब लोग
मृत्यु के घाट उतरते जायेंगे,
कल प्रात कौन सेना लेकर
पाण्डव संगर में आयेंगे?
है बड़ी विपद् की घड़ी,
कर्ण का निर्भय, गाढ़, प्रहार रोक।
बेटा! जैसे भी बने, पाण्डवी
सेना का संहार रोक।"

फूटे ज्यों वह्निमुखी पर्वत,
ज्यों उठे सिन्धु में प्रलय-ज्वार,
कूदा रण में त्यों महाघोर
गर्जन कर दानव किमाकार।
सत्य ही, असुर के आते ही
रण का वह क्रम टूटने लगा,
कौरवी अनी भयभीत हुई;
धीरज उसका छूटने लगा।

है कथा, दानवों के कर में
थे बहुत-बहुत साधन कठोर,
कुछ ऐसे भी, जिनपर, मनुष्य का
चल पाता था नहीं ज़ोर।
उन अगम साधनों के मारे
कौरव सेना चिंग्घार उठी,
ले नाम कर्ण का बार-बार,
व्याकुल कर हाहाकार उठी।

लेकिन, अजस्त्र शर वृष्टि - निरत,
अनवरत-युद्ध-रत, धीर कर्ण,
मन-ही-मन था हो रहा स्वयं,
इस रण से कुछ विस्मित, विवर्ण।
बाणों से तिल-भर भी अबिद्ध,
था कहीं नहीं दानव का तन;
पर, हुआ जा रहा था वह पशु,
पल-पल कुछ और अधिक भीषण।

जब किसी तरह भी नहीं रुद्ध,
हो सकी महादानव की गति,
सारी सेना को विकल देख,
बोला कर्ण से स्वयं कुरुपति :
"क्या देख रहे हो सखे! दस्यु
ऐसे क्या कभी मरेगा यह?
दो घड़ी और जो देर हुई,
सबका संहार करेगा यह।

"हे वीर! विलपते हुए सैन्य का,
अचिर किसी विधि त्राण करो।
अब नहीं अन्य गति; आँख मूँद,
एकघ्नी का सन्धान करो।
अरि का मस्तक है दूर, अभी
अपनों के शीश बचाओ तो,
जो मरण - पाश है पड़ा, प्रथम,
उसमें से हमें छुड़ाओ तो।"

सुन सहम उठा राधेय, मित्र की
ओर फेर निज चकित नयन,
झुक गया विवशता में कुरुपति का
अपराधी, कातर आनन।
मन-ही-मन बोला कर्ण : "पार्थ!
तू वय का बड़ा बली निकला,
या यह कि आज फिर एक बार,
मेरा ही भाग्य छली निकला।"

रहता आया था मुदित कर्ण
जिसका अजेय सम्बल लेकर,
था किया प्राप्त जिसको उसने,
इन्द्र को कवच-कुण्डल देकर,
जिसकी करालता में जय का,
विश्वास अभय हो पलता था,
केवल अर्जुन के लिए जिसे,
राधेय जुगाये चलता था;

वह काल - सर्पिणी की जिह्वा,
वह अटल मृत्यु की सगी स्वसा,
घातकता की वाहिनी, शक्ति
यम की प्रचण्ड, वह अनल-रसा,
लपलपा आग-सी एकघ्नी
तूणीर छोड़ बाहर आयी,
चाँदनी मन्द पड़ गयी, समर में
दाहक उज्ज्वलता छायी।

कर्ण ने भाग्य को ठोंक उसे,
आखिर दानव पर छोड़ दिया,
विह्नल हो कुरुपति को विलोक,
फिर किसी ओर मुख मोड़ लिया।
उस असुर-प्राण को बेध, दृष्टि
सबकी क्षण भर त्रासित करके,
एकघ्नी ऊपर लीन हुई,
अम्बर को उद्भासित करके।

पा धमक, धरा धँस उछल पड़ी,
ज्यों गिरा दस्यु पर्वताकार,
'हा! हा!' की चारों ओर मची,
पाण्डव-दल में व्याकुल पुकार।
नरवीर युधिष्ठिर, नकुल, भीम,
रह सके कहीं कोई न धीर,
जो जहाँ खड़े थे, लगे वहीं
करने कातर क्रन्दन गभीर।

सारी सेना थी चीख रही,
सब लोग व्यग्र बिलखाते थे;
पर बड़ी विलक्षण बात!
हँसी नटनागर रोक न पाते थे।
टल गयी विपद् कोई सिर से,
या मिली कहीं मन-ही-मन जय,
क्या हुई बात? क्या देख हुए
केशव इस तरह विगत-संशय?

लेकिन समर को जीत कर,
निज वाहिनी को प्रीत कर,
वलयित गहन गुञ्जार से,
पूजित परम जयकार से,
राधेय संगर से चला, मन में कहीं खोया हुआ,
जय-घोष की झंकार से आगे कहीं सोया हुआ

हारी हुई पाण्डव-चमू में हँस रहे भगवान् थे,
पर जीत कर भी कर्ण के हारे हुए-से प्राण थे

क्या, सत्य ही, जय के लिए केवल नहीं बल चाहिए
कुछ बुद्धि का भी घात ; कुछ छल-छद्म-कौशल चाहिए?

क्या भाग्य का आघात है!
कैसी अनोखी बात है!
मोती छिपे आते किसी के आँसुओं के तार में,
हँसता कहीं अभिशाप ही आनन्द के उच्चार में।

मगर, यह कर्ण की जीवन-कथा है,
नियति का, भाग्य का इंगित वृथा है।

मुसीबत को नहीं जो झेल सकता,
निराशा से नहीं जो खेल सकता,

पुरुष क्या, शृंखला को तोड़ करके,
चले आगे नहीं जो ज़ोर करके?

सप्तम सर्ग

[1]

निशा बीती, गगन का रूप दमका,
किनारे पर किसी का चीर चमका।
क्षितिज के पास लाली छा रही है,
अतल से कौन ऊपर आ रही है?

सँभाले शीश पर आलोक - मण्डल,
दिशाओं में उड़ाती ज्योतिरञ्चल,
किरण में स्निग्ध आतप फेंकती-सी,
शिशिर-कम्पित द्रुमों को सेंकती-सी,

खगों का स्पर्श से कर पंख - मोचन,
कुसुम के पोंछती हिम - सिक्त लोचन,
दिवस की स्वामिनी आयी गगन में,
उड़ा कुंकुम, जगा जीवन भुवन में।

मगर, नर बुद्धि - मद से चूर होकर,
अलग बैठा हुआ है दूर होकर,
उषा पोंछे भला फिर आँख कैसे?
करे उन्मुक्त मन की पाँख कैसे?

मनुज विभ्राट ज्ञानी हो चुका है,
कुतुक का उत्स पानी हो चुका है।
प्रकृति में कौन वह उत्साह खोजे?
सितारों के हृदय में राह खोजे?

विभा नर को नहीं भरमायगी यह?
मनस्वी को कहाँ ले जायगी यह?
कभी मिलता नहीं आराम इसको,
न छेड़ो, हैं अनेको काम इसको।

महाभारत मही पर चल रहा है,
भुवन का भाग्य रण में जल रहा है।
मनुज ललकारता फिरता मनुज को,
मनुज ही मारता फिरता मनुज को।

पुरुष की बुद्धि गौरव खो चुकी है,
सहेली सर्पिणी की हो चुकी है।
न छोड़ेगी किसी अपकर्म को वह,
निगल ही जायगी सद्धर्म को वह।

मरे अभिमन्यु अथवा भीष्म टूटें,
पिता के प्राण सुत के साथ छूटें,

मचे घनघोर हाहाकार जग में,
भरे वैधव्य की चीत्कार जग में,

मगर, पत्थर हुआ मानव-हृदय है,
फ़क़त, वह खोजता अपनी विजय है,
नहीं ऊपर उसे यदि पायगा वह,
पतन के गर्त में भी जायगा वह।

पड़े सबको लिये पाण्डव पतन में,
गिरे जिस रोज़ द्रोणाचार्य रण में,
बड़े धर्मिष्ठ, भावुक और भोले,
युधिष्ठिर—जीत के हित झूठ बोले।

नहीं थोड़े बहुत का भेद मानो,
बुरे साधन हुए तो सत्य जानो,
गलेंगे बर्फ़ में मन भी, नयन भी,
अँगूठा ही नहीं, सम्पूर्ण तन भी।

नमन उनको, गये जो स्वर्ग मर कर,
कलंकित शत्रु को, निज को अमर कर।
नहीं अवसर अधिक दुःख-दैन्य का है,
हुआ राधेय नायक सैन्य का है।

जगा लो वह निराशा छोड़ करके,
द्विधा का जाल झीना तोड़ करके।
गरजता : "ज्योति के आधार! जय हो,
चरम आलोक मेरा भी उदय हो!

"बहुत धुधुआ चुकी, अब आग फूटे,
किरण सारी सिमट कर आज छूटे।
छिपे हों देवता! अंगार जो भी,
दबे हों प्राण में हुंकार जो भी,

"उन्हें पुञ्जित करो, आकार दो हे!
मुझे मेरा ज्वलित शृंगार दो हे!
पवन का वेग दो, दुर्जय अनल दो,
विकर्तन! आज अपना तेज-बल दो!

"मही का सूर्य होना चाहता हूँ,
विभा का तूर्य होना चाहता हूँ।
समय को चाहता हूँ दास करना,
अभय हो मृत्यु का उपहास करना।

"भुजा की थाह पाना चाहता हूँ,
हिमालय को उठाना चाहता हूँ।
समर के सिन्धु को मथ कर शरों से,
धरा हूँ चाहता श्री को करों से।

"ग्रहों को खींच लाना चाहता हूँ,
हथेली पर नचाना चाहता हूँ;
मचलना चाहता हूँ धारा पर मैं,
हँसा हूँ चाहता अंगार पर मैं।

"समूचा सिन्धु पीना चाहता हूँ,
धधक कर आज जीना चाहता हूँ;

समय को बन्द करके एक क्षण में,
चमकना चाहता हूँ हो सघन मैं।

"असम्भव कल्पना साकार होगी,
पुरुष की आज जय-जयकार होगी!
समर वह आज ही होगा मही पर,
न जैसा था हुआ पहले कहीं पर।

"चरण का भार लो, सिर पर सँभालो,
नियति की दूतियो! मस्तक झुका लो।
चलो, जिस भाँति चलने को कहूँ मैं,
ढलो, जिस भाँति ढलने को कहूँ मैं।

"न कर छल-छद्म से आघात फूलो,
पुरुष हूँ मैं, नहीं यह बात भूलो।
कुचल दूँगा, निशानी मेट दूँगा,
चढ़ा दुर्जय भुजा की भेंट दूँगा।

"अरी, यों भागती कब तक चलोगी?
मुझे ओ वंचिके! कब तक छलोगी?
चुराओगी कहाँ तक दाँव मेरा?
रखोगी रोक कब तक पाँव मेरा?

"अभी भी सत्त्व है उद्‌दाम तुमसे,
हृदय की भावना निष्काम तुमसे,
चले संघर्ष आठों याम तुमसे,
करूँगा अन्त तक संग्राम तुमसे।

"कहाँ तक शक्ति से वंचित करोगी?
कहाँ तक सिद्धियाँ मेरी हरोगी?
तुम्हारा छद्म सारा शेष होगा,
न सञ्चय कर्ण का निःशेष होगा।

"कवच-कुण्डल गया; पर, प्राण तो हैं,
भुजा में शक्ति, धनु पर बाण तो हैं।
गयी एकघ्नि तो सब कुछ गया क्या?
बचा मुझमें नहीं कुछ भी नया क्या?

"समर की शूरता साकार हूँ मैं,
महा मार्त्तण्ड का अवतार हूँ मैं।
विभूषण वेद - भूषित कर्म मेरा,
कवच है आज तक का धर्म मेरा।

"तपस्याओ! उठो, रण में गलो तुम,
नयी एकघ्नियाँ बन कर ढलो तुम।
अरी ओ सिद्धियों की आग! आओ,
प्रलय का तेज बन मुझमें समाओ।

"कहाँ हो पुण्य? बाँहों में भरो तुम,
अरी व्रत - साधने! आकार लो तुम।
हमारे योग की पावन शिखाओ,
समर में आज मेरे साथ आओ।

"उगी हों ज्योतियाँ यदि दान से भी,
मनुज - निष्ठा, दलित - कल्याण से भी,

चलें वे भी हमारे साथ होकर,
पराक्रम - शौर्य की ज्वाला सँजो कर।

"हृदय से पूजनीया मान करके,
बड़ी ही भक्ति से सम्मान करके,
सुवामा - जाति को सुख दे सका हूँ,
अगर आशीष उनसे ले सका हूँ,

"समर में तो हमारा वर्म हो वह,
सहायक आज ही सत्कर्म हो वह।
सहारा माँगता हूँ पुण्य - बल का,
उजागर धर्म का, निष्ठा अचल का।

"प्रवंचित हूँ, नियति की दृष्टि में दोषी बड़ा हूँ,
विधाता से किये विद्रोह जीवन में खड़ा हूँ।
स्वयं भगवान् मेरे शत्रु को ले चल रहे हैं,
अनेकों भाँति से गोविन्द मुझको छल रहे हैं।

"मगर, राधेय का स्यन्दन नहीं तब भी रुकेगा,
नहीं गोविन्द को भी युद्ध में मस्तक झुकेगा।
बताऊँगा उन्हें मैं आज, नर धर्म का क्या है,
समर कहते किसे हैं और जय का मर्म क्या है।

"बचा कर पाँव धरना, थाहते चलना समर को
बनाना ग्रास अपनी मृत्यु का योद्धा अपर को,
पुकारे शत्रु तो छिप व्यूह में प्रच्छन्न रहना,
सभी के सामने ललकार को मन मार सहना।

"प्रकट होना विपद् के बीच में प्रतिवीर हो जब,
धनुष ढीला, शिथिल उसका ज़रा कुछ तीर हो जब।
कहाँ का धर्म? कैसी भर्त्सना की बात है यह?
नहीं यह वीरता, कौटिल्य का अपघात है यह।

"समझ में कुछ न आता, कृष्ण क्या सिखला रहे हैं,
जगत् को कौन नूतन पुण्य-पथ दिखला रहे हैं।
हुआ वध द्रोण का कल जिस तरह वह धर्म था क्या?
समर्थन-योग्य केशव के लिए वह कर्म था क्या?

"यही धर्मिष्ठता? नय-नीति का पालन यही है?
मनुज मलपुंज के मालिन्य का क्षालन यही है?
यही कुछ देखकर संसार क्या आगे बढ़ेगा?
जहाँ गोविन्द हैं, उस शृंग के ऊपर चढ़ेगा?

"करें भगवान जो चाहे, उन्हें सब कुछ क्षमा है,
मगर क्या वज्र का विस्फोट छींटों से थमा है?
चलें वे बुद्धि की ही चाल, मैं बल से चलूँगा,
न तो उनको, न होकर जिह्म अपने को छलूँगा।

"डिगाना धर्म क्या इस चार बित्तों की मही को!
भुलाना क्या मरण के बादवाली जिन्दगी को!
बसाना एक पुर क्या लाख जन्मों को जलाकर!
मुकुट गढ़ना भला क्या पुण्य को रण में गला कर!

"नहीं राधेय सत्पथ छोड़ कर अघ-ओक लेगा,
विजय पाये न पाये, रश्मियों का लोक लेगा!

विजय-गुरु कृष्ण हों, गुरु किन्तु, मैं बलिदान का हूँ,
असीसें देह को वे, मैं निरन्तर प्राण का हूँ।

"जगो, बलिदान की पावन शिखाओ,
समर में आज कुछ करतब दिखाओ।
नहीं शर ही, सखा सत्कर्म भी हो,
धनुष पर आज मेरा धर्म भी हो।

"मचे भूडोल प्राणों के महल में,
समर डूबे हमारे बाहु - बल में।
गगन से वज्र की बौछार छूटे,
किरण के तार से झंकार फूटे।

"चलें अचलेश, पारावार डोले,
मरण अपनी पुरी का द्वार खोले।
समर में ध्वंस फटने जा रहा है,
महीमण्डल उलटने जा रहा है।

"अनूठा कर्ण का रण आज होगा,
जगत् को काल - दर्शन आज होगा।
प्रलय का भीम - नर्तन आज होगा,
वियद्व्यापी विवर्तन आज होगा।

"विशिख जब छोड़ कर तरकस चलेगा,
नहीं गोविन्द का भी बस चलेगा।
गिरेगा पार्थ का सिर छिन्न धड़ से,
जयी कुरुराज लौटेगा समर से।

"बड़ा आनन्द उर में छा रहा है,
लहू में ज्वार उठता जा रहा है।
हुआ रोमाञ्च यह सारे बदन में,
उगे हैं या कटीले वृक्ष तन में।

"अहा! भावस्थ होता जा रहा हूँ,
जगा हूँ या कि सोता जा रहा हूँ?
बजाओ, युद्ध के बाजे बजाओ,
सजाओ, शल्य! मेरा रथ सजाओ।"

[2]

रथ सजा, भेरियाँ घमक उठीं,
गहगहा उठा अम्बर विशाल,
कूदा स्यन्दन पर गरज कर्ण
क्यों उठे गरज क्रोधान्ध काल।
बज उठे रोर कर पटह-कम्बु,
उल्लसित वीर कर उठे हूह,
उच्छल सागर-सा चला कर्ण—
को लिए क्षुब्ध सैनिक समूह।

हेषा रथाश्व की, चक्र-रोर,
दन्तावल का वृंहित अपार,
टंकार धनुर्गुण की भीषण,
दुर्मद रणशूरों की पुकार।
खलमला उठा ऊपर खगोल,
कलमला उठा पृथ्वी का तन,

सन-सन कर उड़ने लगे विशिख,
झनझना उठीं असियाँ झनझन।

तालोच्च - तरंगावृत बुभुक्षु - सा
लहर उठा संगर - समुद्र,
या पहन ध्वंस की लपट लगा
नाचने समर में स्वयं रुद्र।
हैं कहाँ इन्द्र? देखें, कितना
प्रज्वलित मर्त्य जन होता है।
सुरपति से छले हुए नर का
कैसा प्रचण्ड रण होता है।

अंगार-वृष्टि पा धधक उठे
जिस तरह शुष्क कानन का तृण,
सकता न रोक शस्त्री की गति
पुञ्जित जैसे नवनीत मसृण,
यम के समक्ष जिस तरह नहीं
चल पाता बद्ध मनुज का वश,
हो गयी पाण्डवों की सेना त्योंही
बाणों से विद्ध, विवश।

भागने लगे नरवीर छोड़ वह
दिशा जिधर भी झुका कर्ण;
भागे जिस तरह लवा का दल
सामने देख रोषण सुपर्ण।
'रण में क्यों आये आज?' लोग
मन-ही-मन में पछताते थे,

दूर से देख कर भी उसको,
भय से सहमे सब जाते थे।

काटता हुआ रण-विपिन क्षुब्ध,
राधेय गरजता था क्षण-क्षण।
सुन-सुन निनाद की धमक शत्रु का,
व्यूह लरजता था क्षण-क्षण।
अरि की सेना को विकल देख,
बढ़ चला और कुछ समुत्साह;
कुछ और समुद्वेलित होकर,
उमड़ा भुज का सागर अथाह।

गरजा अशंक हो कर्ण : "शल्य!
देखो कि आज क्या करता हूँ,
कौन्तेय-कृष्ण, दोनों को ही,
जीवित किस तरह पकड़ता हूँ।
बस, आज शाम तक यहीं सुयोधन
का जय-तिलक सजा करके,
लौटेंगे हम, दुन्दुभि अवश्य
जय की, रण-बीच बजा करके"

इतने में, कुटिल नियति - प्रेरित
पड़ गये सामने धर्मराज,
टूटा कृतान्त-सा कर्ण, कोक
पर पड़े टूट जिस तरह बाज़।
लेकिन, दोनों का विषम युद्ध,
क्षण भर भी नहीं ठहर पाया,

सह सकी न गहरी चोट, युधिष्ठिर
की मुनि-कल्प, मृदुल काया।

भागे वे रण को छोड़, कर्ण ने
झपट दौड़कर गहा ग्रीव,
कौतुक से बोला : "महाराज!
तुम तो निकले कोमल अतीव।
हाँ, भीरु नहीं, कोमल कहकर
ही, जान बचाये देता हूँ।
आगे की खातिर एक युक्ति
भी सरल बताये देता हूँ।

"हैं विप्र आप, सेविये धर्म,
तरु-तले कहीं, निर्जन वन में,
क्या काम साधुओं का, कहिये,
इस महाघोर, घातक रण में?
मत कभी क्षात्रता के धोखे,
रण का प्रदाह झेला करिये,
जाइये, नहीं फिर कभी गरुड़
की झपटों से खेला करिये।"

भागे विपन्न हो समर छोड़
ग्लानि में निमज्जित धर्मराज,
सोचते : "कहेगा क्या मन में
जाने, यह शूरों का समाज?
प्राण ही हरण करके रहने
क्यों नहीं हमारा मान दिया?

आमरण ग्लानि सहने को ही
पापी न जीवन -दान दिया।"

समझे न हाय, कौन्तेय! कर्ण ने
छोड़ दिये किसलिए प्राण,
गरदन पर आकर लौट गयी
सहसा, क्यों विजयी की कृपाण?
लेकिन, अदृश्य ने लिखा, कर्ण ने
वचन धर्म का पाल दिया,
खड्ग का छीन कर ग्रास, उसे
माँ के अञ्चल में डाल दिया।

कितना पवित्र यह शील! कर्ण
जब तक भी रहा खड़ा रण में,
चेतनामयी माँ की प्रतिमा
घूमती रही तब तक मन में।
सहदेव, युधिष्ठिर, नकुल,
भीम को बार-बार बस में लाकर,
कर दिया मुक्त हँस कर उसने
भीतर से कुछ इंगित पाकर।

देखता रहा सब शल्य, किन्तु,
जब इसी तरह भागे पवितन,
बोला होकर वह चकित, कर्ण की
ओर देख, यह परुष वचन,
"रे सूत-पुत्र! किसलिए विकट
यह कालपृष्ठ धनु धरता है?

मारना नहीं है तो फिर क्यों,
वीरों को घेर पकड़ता है?

"संग्राम विजय तू इसी तरह
सन्ध्या तक आज करेगा क्या?
मारेगा अरियों को कि उन्हें
दे जीवन स्वयं मरेगा क्या?
रण का विचित्र यह खेल,
मुझे तो समझ नहीं कुछ पड़ता है,
कायर! अवश्य कर याद पार्थ की,
तू मन-ही-मन डरता है।"

हँसकर बोला राधेय : "शल्य!
पार्थ की भीति उसको होगी,
क्षयमान्, क्षणिक, भंगुर शरीर
पर मृषा प्रीति जिसको होगी।
इस चार दिनों के जीवन को,
मैं तो कुछ नहीं समझता हूँ,
करता हूँ वही, सदा जिसको
भीतर से सही समझता हूँ।

"पर, ग्रास छीन अतिशय बुभुक्षु,
अपने इन बाणों के मुख से,
होकर प्रसन्न हँस देता हूँ,
चञ्चल किस अन्तर के सुख से;
यह कथा नहीं अन्तःपुर की,
बाहर मुख से कहने की है,

यह व्यथा धर्म के वर-समान,
सुख-सहित, मौन सहने की है।

"सब आँख मूँद कर लड़ते हैं,
जय इसी लोक में पाने को,
पर, कर्ण जूझता है कोई,
ऊँचा सद्धर्म निभाने को।
सबके समेत पंकिल सर में,
मेरे भी चरण पड़ेंगे क्या?
ये लोभ मृत्तिकामय जग के,
आत्मा का तेज हरेंगे क्या?

"यह देह टूटनेवाली है, इस
मिट्टी का कब तक प्रमाण?
मृत्तिका छोड़ ऊपर नभ में
भी तो ले जाना है विमान।
कुछ जुटा रहा सामान खमण्डल
में सोपान बनाने को,
ये चार फूल फेंके मैंने,
ऊपर की राह सजाने को।

"ये चार फूल हैं मोल किन्हीं
कातर नयनों के पानी के,
ये चार फूल प्रच्छन्न दान
हैं किसी महाबल दानी के।
ये चार फूल, मेरा अदृष्ट था
हुआ कभी जिनका कामी,

ये चार फूल पाकर प्रसन्न
हँसते होंगे अन्तर्यामी।

"समझोगे नहीं शल्य इसको,
यह करतब नादानों का है,
यह खेल जीत से बड़े किसी,
मक़सद के दीवानों का है।
जानते स्वाद इसका वे ही,
जो सुरा स्वप्न की पीते हैं,
दुनिया में रहकर भी दुनिया
से अलग खड़े जो जीते हैं।"

समझा न, सत्य ही, शल्य इसे,
बोला : "प्रलाप यह बन्द करो,
हिम्मत हो तो लो करो समर,
बल हो, तो अपना धनुष धरो।
लो, वह देखो, वानरी ध्वजा
दूर से दिखायी पड़ती है,
पार्थ के महारथ की घर्घर
आवाज सुनायी पड़ती है।

"क्या वेगवान हैं अश्व! देख
विद्युत् शरमायी जाती है,
आगे सेना छँट रही, घटा
पीछे से छायी जाती है।
राधेय! काल यह पहुँच गया,
शायक सन्धानित तूर्ण करो,

थे विकल सदा जिसके हित, वह
लालसा समर की पूर्ण करो।"

पार्थ को देख उच्छल-उमंग-
पूरित उर - पारावार हुआ,
दम्भोलि-नाद कर कर्ण कुपित
अन्तक - सा भीमाकार हुआ।
बोला : "विधि ने जिस हेतु पार्थ!
हम दोनों का निर्माण किया,
जिस लिए प्रकृति के अनल-तत्त्व
का हम दोनों ने पान किया।

"जिस दिन के लिए किये आये,
हम दोनों वीर अथक साधन,
आ गया भाग्य से आज जन्म-
जन्मों का निर्धारित वह क्षण।
आओ, हम दोनों विशिख-वह्नि-
पूजित हो जय-जयकार करें,
मर्मच्छेदन से एक दूसरे का
जी - भर सत्कार करें।

"पर, सावधान, इस मिलन-बिन्दु से
अलग नहीं होना होगा,
हम दोनों में से किसी एक को
आज यहीं सोना होगा।
हो गया बड़ा अतिकाल, आज
फ़ैसला हमें कर लेना है,

शत्रु का या कि अपना मस्तक,
काट कर यहीं धर देना है।"

कर्ण का देख यह दर्प पार्थ का,
दहक उठा रविकान्त-हृदय,
बोला : "रे सारथि-पुत्र! किया
तू ने, सत्य ही योग्य निश्चय।
पर कौन रहेगा यहाँ? बात
यह अभी बताये देता हूँ,
धड़ पर से तेरा सीस मूढ़!
ले, अभी हटाये देता हूँ।"

यह कह अर्जुन ने तान कान तक,
धनुषए बाण सन्धान किया,
अपने जानते विपक्षी को,
हत ही उसने अनुमान किया।
पर, कर्ण झेल वह महा विशिख,
कर उठा काल-सा अट्टहास,
रण के सारे स्वर डूब गये,
छा गया निनद से दिशाकाश।

बोला : "शाबाश, वीर अर्जुन!
यह खूब गहन सत्कार रहा;
पर, बुरा न मानो, अगर आन
कर मुझ पर वह बेकार रहा।
मत कवच और कुण्डल विहीन,
इस तन को मृदुल कमल समझो,

साधना-दीप्त वक्षस्थल को,
अब भी दुर्भेद्य अचल समझो।

"अब लो मेरा उपहार, यही
यमलोक तुम्हें पहुँचायेगा,
जीवन का सारा स्वाद तुम्हें
बस, इसी बार मिल जायेगा।"
कह इस प्रकार राधेय
अधर को दबा, रौद्रता में भरके,
हुंकार उठा घातिका शक्ति
विकराल शरासन पर धरके।

सँभलें जब तक भगवान्, नचायें
इधर-उधर किंचित् स्यन्दन,
तब तक रथ में ही, विकल, विद्ध,
मूर्च्छित हो गिरा पृथानन्दन।
कर्ण का देख यह समर - शौर्य
संगर में हाहाकार हुआ,
सब लगे पूछने : "अरे,
पार्थ का क्या सचमुच संहार हुआ?"

पर नहीं, मरण का तट छूकर,
हो उठा अचिर अर्जुन प्रबुद्ध;
क्रोधान्ध गरज कर लगा कर्ण
के साथ मचाने द्विरथ-युद्ध।
प्रावृट्-से गरज-गरज दोनों,
करते थे प्रतिभट पर प्रहार,

थी तुला-मध्य सन्तुलित खड़ी,
लेकिन, दोनों की जीत हार।

इस ओर कर्ण मार्त्तण्ड - सदृश,
उस ओर पार्थ अन्तक-समान,
रण के मिस, मानो, स्वयं प्रलय,
हो उठा समर में मूर्तिमान।
जूझना एक क्षण छोड़, स्वतः,
सारी सेना विस्मय - विमुग्ध,
अपलक होकर देखने लगी
दो शितिकण्ठों का विकट युद्ध।

है कथा, नयन का लोभ नहीं,
संवृत कर सके स्वयं सुरगण,
भर गया विमानों से तिल-तिल,
कुरुभू पर कलकल-नदित गगन।
थी रुकी दिशा की साँस, प्रकृति
के निखिल रूप तन्मय-गभीर,
ऊपर स्तम्भित दिनमणि का रथ,
नीचे नदियों का अचल नीर।

अहा! यह युग्म दो अद्भुत नरों का,
महा मदमत्त मानव - कुञ्जरों का;
नृगुण के मूर्त्तिमय अवतार ये दो,
मनुक-कुल के सुभग श्रृंगार ये दो।

परस्पर हो कहीं यदि एक पाते,
ग्रहण कर शील की यदि टेक पाते,
मनुजता को न क्या उत्थान मिलता?
अनूठा क्या नहीं वरदान मिलता?

मनुज की जाति का, पर, शाप है यह,
अभी बाक़ी हमारा पाप है यह,
बड़े जो भी कुसुम कुछ फूलते हैं,
अहंकृति में भ्रमित हो भूलते हैं।

नहीं हिलमिल विपिन को प्यार करते,
झगड़ कर विश्व का संहार करते।
जगत् को डालकर निःशेष दुःख में,
शरण पाते स्वयं भी काल-मुख में।

चलेगी यह जहर की क्रान्ति कब तक?
रहेगी शक्ति-वंचित शान्ति कब तक?
मनुज मनुजत्व से कब तक लड़ेगा?
अनल वीरत्व से कब तक झड़ेगा?

विकृति जो प्राण में अंगार भरती,
हमें रण के लिए लाचार करती,
घटेगी तीव्र उसकी दाह कब तक?
मिलेगी अन्य उसको राह कब तक?

हलाहल का शमन हम खोजते हैं,
मगर, शायद, विमन हम खोजते हैं।

बुझाते हैं दिवस में जो ज़हर हम,
जगाते फूँक उसको रात भर हम।

क्रिया कुञ्चित, विवेचन व्यस्त नर का,
हृदय शत भीति से सन्त्रस्त नर का।
महाभारत मही पर चल रहा है,
भुवन का भाग्य रण में जल रहा है।

चल रहा महाभारत का रण,
जल रहा धरित्री का सुहाग,
फट कुरुक्षेत्र में खेल रही
नर के भीतर की कुटिल आग।
बाजियों - गजों की लोथों में
गिर रहे मनुज के छिन्न अंग,
बह रहा चतुष्पद और द्विपद
का रुधिर मिश्र हो एक संग।

गत्वर, गैरेय, सुधर भूधर-से
लिये रक्त - रञ्जित शरीर,
थे जूझ रहे कौन्तेय - कर्ण
क्षण-क्षण करते गर्जन गभीर।
दोनों रणकुशल धनुर्धर नर,
दोनों समबल, दोनों समर्थ,
दोनों पर दोनों की अमोघ
थी विशिख-वृष्टि हो रही व्यर्थ।

इतने में शर के लिए कर्ण ने
देखा ज्यों अपना निषंग,

तरकस में फुँकार उठा,
कोई प्रचण्ड विषधर भुजंग,
कहता कि "कर्ण! मैं अश्वसेन
विश्रुत भुजगों का स्वामी हूँ,
जन्म से पार्थ का शत्रु परम,
तेरा बहुविधि हितकामी हूँ।

"बस, एक बार कर कृपा धनुष पर
चढ़ शरव्य तक जाने दे,
इस महाशत्रु को अभी तुरत
स्यन्दन में मुझे सुलाने दे।
कर वमन गरल जीवन भर का
संचित प्रतिशोध उतारूँगा,
तू मुझे सहारा दे, बढ़कर
मैं अभी पार्थ को मारूँगा।"

राधेय ज़रा हँसकर बोला :
"रे कुटिल! बात क्या कहता है?
जय का समस्त साधन नर की
अपनी बाँहों में रहता है।
उस पर भी साँपों से मिलकर
मैं मनुज, मनुज से युद्ध करूँ?
जीवन भर जो निष्ठा पाली,
उससे आचरण विरुद्ध करूँ?

तेरी सहायता से जय तो मैं
अनायास पा जाऊँगा,

आनेवाली मानवता को,
लेकिन, क्या मुख दिखलाऊँगा?
संसार कहेगा, जीवन का
सब सुकृत कर्ण न क्षार किया;
प्रतिभट के वध के लिए सर्प का
पापी न साहाय्य लिया।

"रे अश्वसेन! तेरे अनेक
वंशज हैं छिपे नरों में भी,
सीमित वन में ही नहीं, बहुत
बसते पुर - ग्राम - घरों में भी।
ये नर-भुजंग मानवता का
पथ कठिन बहुत कर देते हैं,
प्रतिबल के वध के लिए नीच
साहाय्य सर्प का लेते हैं।

"ऐसा न हो कि इन साँपों में
मेरा भी उज्ज्वल नाम चढ़े।
पाकर मेरा आदर्श और
कुछ नरता का यह पाप बढ़े।
अर्जुन है मेरा शत्रु, किन्तु,
वह सर्प नहीं, नर ही तो है,
संघर्ष सनातन नहीं, शत्रुता
इस जीवन भर ही तो है।

"अगला जीवन किसलिए भला,
तब हो द्वेषान्ध बिगाड़ूँ मैं?

साँपों की जाकर शरण
सर्प बन क्यों मनुष्य को मारूँ मैं?
जा भाग, मनुज का सहज शत्रु,
मित्रता न मेरी पा सकता,
मैं किसी हेतु भी यह कलंक,
अपने पर नहीं लगा सकता।"

काकोदर को कर विदा कर्ण
फिर बढ़ा समर में गर्जमान,
अम्बर अनन्त झंकार उठा,
हिल उठे निर्जरों के विमान।
तूफ़ान उठाये चला कर्ण
बल से धकेल अरि के दल को,
जैसे प्लावन की धार बहाये
चले सामने के जल को।

पाण्डव-सेना भयभीत भागती
हुई जिधर भी जाती थी;
अपने पीछे दौड़ते हुए
वह आज कर्ण को पाती थी।
रह गयी किसी के भी मन में
जय की किञ्चित भी नहीं आस,
आख़िर, बोले भगवान् सभी को
देख व्यग्र, व्याकुल, हताश।

"अर्जुन! देखो, किस तरह कर्ण
सारी सेना पर टूट रहा,

किस तरह पाण्डवों का पौरुष
होकर अशंक वह लूट रहा।
देखो जिस तरफ़, उधर उसके
ही बाण दिखायी पड़ते हैं,
बस, जिधर सुनो, केवल उसके
हुंकार सुनायी पड़ते हैं।

"कैसी करालता! क्या लाघव!
कितना पौरुष! कैसा प्रहार!
किस गौरव से यह वीर द्विरद
कर रहा समर-वन में विहार!
व्यूहों पर व्यूह फटे जाते,
संग्राम उजड़ता जाता है
ऐसी तो नहीं कमल - वन में
भी कुञ्जर धूम मचाता है।

"इस पुरुष-सिंह का समर देख
मेरे तो हुए निहाल नयन,
कुछ बुरा न मानो, कहता हूँ,
मैं आज एक चिर-गूढ़ वचन।
कर्ण के साथ तेरा बल भी
मैं ख़ूब जानता आया हूँ,
मन-ही-मन तुझ से बड़ा वीर,
पर इसे मानता आया हूँ।

"औ' देख चरम वीरता आज तो
यही सोचता हूँ मन में,

है भी कोई, जो जीत सके
इस अतुल धनुर्धर को रण में?
मैं चक्र सुदर्शन धरूँ और
गाण्डीव अगर तू तानेगा,
तब भी, शायद ही, आज कर्ण
आतंक हमारा मानेगा।

"यह नहीं देह का बल केवल,
अन्तर्नभ के भी विवस्वान्,
हैं किये हुए मिलकर इसको
इतना प्रचण्ड जाज्वल्यमान।
सामान्य पुरुष यह नहीं, वीर
यह तपोनिष्ठ व्रतधारी है;
मृत्तिका-पुञ्ज यह मनुज
ज्योतियों के जग का अधिकारी है।

"कर रहा काल - सा घोर समर,
जय का अनन्त विश्वास लिये,
है घूम रहा निर्भय, जाने,
भीतर क्या दिव्य प्रकाश लिये!
जब भी देखो, तब आँख गड़ी
सामने किसी अरिजन पर है,
भूल ही गया है, एक शीश
इसके अपने भी तन पर है।

"अर्जुन! तुम भी अपने समस्त
विक्रम - बल का आह्वान करो,

अर्जित असंख्य विद्याओं का
हो सजग हृदय में ध्यान करो।
जो भी हो तुममें तेज, चरम पर
उसे खींच लाना होगा,
तैयार रहो, कुछ चमत्कार
तुमको भी दिखलाना होगा।"

दिनमणि पश्चिम की ओर ढले
देखते हुए संग्राम घोर,
गरजा सहसा राधेय, न जाने,
किस प्रचण्ड सुख में विभोर।
"सामने प्रकट हो प्रलय! फाड़
तुझको मैं राह बनाऊँगा,
जाना है तो तेरे भीतर
संहार मचाता जाऊँगा।

"क्या धमकाता है काल? अरे,
आ जा, मुट्ठी में बन्द करूँ,
छुट्टी पाऊँ, तुझको समाप्त
कर दूँ, निज को स्वच्छन्द करूँ।
ओ शल्य! हयों को तेज़ करो,
ले चलो उड़ाकर शीघ्र वहाँ,
गोविन्द-पार्थ के साथ डटे हों
चुनकर सारे वीर जहाँ।

"हो शस्त्रों का झन-झन निनाद,
दन्तावल हों चिंग्घार रहे,

रण को कराल घोषित करके
हों समरशूर हुंकार रहे।
कटते हों अगणित रुण्ड-मुण्ड,
उठता हो आर्त्तनाद क्षण-क्षण,
झनझना रही हों तलवारें;
उड़ते हों तिग्म विशिख सन-सन।

"संहार देह धर खड़ा जहाँ
अपनी पैंजनी बजाता हो,
भीषण गर्जन में जहाँ रोर
ताण्डव का डूबा जाता हो।
ले चलो, जहाँ फट रहा व्योम,
मच रहा जहाँ पर घमासान,
साकार ध्वंस के बीच पैठ
छोड़ना मुझे है आज प्राण।"

समझ में शल्य की कुछ भी न आया,
हयों को ज़ोर से उसने भगाया।
निकट भगवान् के रथ आन पहुँचा,
अगम, अज्ञात का पथ आन पहुँचा?

अगम की राह, पर, सचमुच अगम है,
अनोखा ही नियति का कार्यक्रम है।
न जाने, न्याय भी पहचानती है,
कुटिलता ही कि केवल जानती है?

रहा दीपित सदा शुभ धर्म जिसका,
चमकता सूर्य-सा था कर्म जिसका,
अबाधित दान का आधार था जो,
धरित्री का अतुल शृंगार था जो,

क्षुधा जागी उसी की हाय, भू को,
कहें क्या मेदिनी मानव-प्रसू को?
रुधिर के पंक में रथ को जकड़ कर,
गयी वह बैठ चक्के को पकड़ कर।

लगाया ज़ोर अश्वों ने न थोड़ा,
नहीं लेकिन, मही ने चक्र छोड़ा।
वृथा साधन हुए जब सारथी के,
कहा लाचार हो उसने रथी से।

"बड़ी राधेय! अद्भुत बात है यह,
किसी दुःशक्ति का ही घात है यह।
ज़रा-सी कीच में स्यन्दन फँसा है,
मगर, रथ-चक्र कुछ ऐसा धँसा है;

"निकाले से निकलता ही नहीं है,
हमारा ज़ोर चलता ही नहीं है।
जरा तुम भी इसे झकझोर देखो,
लगा अपनी भुजा का जरा देखो।"

हँसा राधेय कर कुछ याद मन में,
कहा : "हाँ, सत्य ही, सारे भुवन में।

विलक्षण बात मेरे ही लिए है,
नियति का घात मेरे ही लिए है।

"मगर है ठीक, क़िस्मत ही फँसे जब,
धरा ही कर्ण का स्यन्दन ग्रसे जब,
सिवा राधेय के पौरुष प्रबल से,
निकाले कौन उसको बाहुबल से?"

उछल कर कर्ण स्यन्दन से उतर कर,
फँसे रथ-चक्र को भुज-बीच भर कर,
लगा ऊपर उठाने ज़ोर करके,
कभी सीधा, कभी झकझोर करके।

मही डोली, सलिल-आगार डोला,
भुजा के ज़ोर से संसार डोला।
न डोला, किन्तु, जो चक्का फँसा था,
चला वह जा रहा नीचे धँसा था।

विपद् में कर्ण को यों ग्रस्त पाकर,
शरासनहीन, अस्त-व्यस्त पाकर,
जगा कर पार्थ को भगवान् बोले :
"खड़ा है देखता क्या मौन, भोले?

"शरासन तान, बस, अवसर यही है,
घड़ी फिर और मिलने को नहीं है।
विशिख कोई गले के पार कर दे,
अभी ही शत्रु का संहार कर दे।"

श्रवण कर विश्वगुरु की देशना यह,
विजय के हेतु आतुर एषणा यह,
सहम उट्ठा ज़रा कुछ पार्थ का मन,
विनय में ही मगर, बोला अकिञ्चन।

"नरोचित, किन्तु, क्या यह कर्म होगा?
मलिन इससे नहीं क्या धर्म होगा?"
हँसे केशव : "वृथा हठ ठानता है।
अभी तू धर्म को क्या जानता है?

"कहूँ जो, पाल उसको, धर्म है यह।
हनन कर शत्रु का, सत्कर्म है यह।
क्रिया को छोड़ चिन्तन में फँसेगा,
उलट कर काल तुझको ही ग्रसेगा।"

भला क्यों पार्थ कालाहार होता?
वृथा क्यों चिन्तना का भार ढोता?
सभी दायित्व हरि पर डाल करके,
मिली जो शिष्टि उसको पाल करके,

लगा राधेय को शर मारने वह,
विपद् में शत्रु को संहारने वह,
शरों से बेधने तन को, बदन को,
दिखाने वीरता निःशस्त्र जग को।

विशिख-सन्धान में अर्जुन निरत था,
खड़ा राधेय निःसम्बल, विरथ था,

खड़े निर्वाक् सब जन देखते थे,
अनोखे धर्म का रण देखते थे।

नहीं जब पार्थ को देखा सुधरते,
हृदय में धर्म का टूक ध्यान धरते।
समय के योग्य धीरज को सँजोकर,
कहा राधेय न गम्भीर होकर।

"नरोचित धर्म से कुछ काम तो लो।
बहुत खेले, ज़रा विश्राम तो लो।
फँसे रथचक्र को जब तक निकालूँ,
धनुष धारण करूँ, प्रहरण सँभालूँ,

"रुको तब तक, चलाना बाण फिर तुम,
हरण करना, सको तो, प्राण फिर तुम।
नहीं अर्जुन! शरण मैं माँगता हूँ,
समर्थित धर्म से रण माँगता हूँ।

"कलंकित नाम मत अपना करो तुम।
हृदय में ध्यान इसका भी धरो तुम,
विजय तन की घड़ी भर की दमक है।
इसी संसार तक उसकी चमक है।

"भुवन की जीत मिटती है भुवन में,
उसे क्या खोजना गिर कर पतन में?
शरण केवल उजागर धर्म होगा,
सहारा अन्त में सत्कर्म होगा।"

उपस्थित देख यों न्यायार्थ अरि को,
निहारा पार्थ ने हो खिन्न हरि को।
मगर, भगवान् किञ्चित् भी न डोले,
कुपित हो वज्र-सी यह बात बोले।

"प्रलापी! ओ उजागर धर्म वाले!
बड़ी निष्ठा, बड़े सत्कर्म वाले!
मरा, अन्याय से अभिमन्यु जिस दिन,
कहाँ पर सो रहा था धर्म उस दिन?

"हलाहल भीम को जिस दिन पड़ा था,
कहाँ पर धर्म यह उस दिन धरा था?
लगी थी आग जब लाक्षा-भवन में,
हँसा था धर्म ही तब क्या भुवन में?

"सभा में द्रौपदी को खींच लाके,
सुयोधन की उसे दासी बताके,
सुवामा-जाति को आदर दिया जो,
बहुत सत्कार तुम सबने किया जो,

"नहीं वह और कुछ, सत्कर्म ही था,
उजागर, शीलभूषित धर्म ही था।
जुए में हारकर धन-धाम जिस दिन,
हुए पाण्डव यती निष्काम जिस दिन,

"चले वनवास को तब धर्म था वह,
शकुनियों का नहीं अपकर्म था वह।

अवधि कर पूर्ण जब, लेकिन, फिरे वे,
असल में, धर्म से ही थे गिरे वे।

"बड़े पापी हुए जो ताज माँगा,
किया अन्याय; अपना राज माँगा।
नहीं धर्मार्थ वे क्यों हारते हैं?
अघी हैं, शत्रु को क्यों मारते हैं?

"हमीं धर्मार्थ क्या दहते रहेंगे?
सभी कुछ मौन हो सहते रहेंगे?
कि देंगे धर्म को बल अन्य जन भी?
तजेंगे क्रूरता-छल अन्य जन भी?

"न दी क्या यातना इन कौरवों ने?
किया क्या-क्या न निर्घिन कौरवों ने?
मगर, तेरे लिए सब धर्म ही था,
दुरित निज मित्र का, सत्कर्म ही था।

"किये का जब उपस्थित फल हुआ है,
ग्रसित अभिशाप से सम्बल हुआ है,
चला है खोजने तू धर्म रण में,
मृषा किल्विष बताने अन्य जन में।

"शिथिल कर पार्थ! किञ्चित् भी न मन तू।
न धर्माधर्म में पड़ भीरु बन तू।
कड़ा कर वक्ष को, शर मार इसको,
चढ़ा शायक, तुरत संहार इसको।"

हँसा राधेय : "हाँ, अब देर भी क्या?
सुशोभन कर्म में अवसेर भी क्या?
कृपा कुछ और दिखलाते नहीं क्यों?
सुदर्शन ही उठाते हैं नहीं क्यों?

"थके बहुविधि स्वयं ललकार करके,
गया थक पार्थ भी शर मार करके,
मगर, यह वक्ष फटता ही नहीं है,
प्रकाशित शीश कटता ही नहीं है।

"शरों से मृत्यु झड़ कर छा रही है,
चतुर्दिक् घेर कर मँडला रही है,
नहीं, पर लीलती वह पास आकर,
रुकी है भीति से अथवा लजाकर।

"ज़रा तो पूछिये, वह क्यों डरी है?
शिखा दुर्द्धर्ष क्या मुझमें भरी है?
मलिन वह हो रही किसकी दमक से?
लजाती किस तपस्या की चमक से?

"ज़रा बढ़ पीठ पर निज पाणि धरिये,
सहमती मृत्यु को निर्भीक करिये।
न अपने - आप मुझको खायगी वह,
सिकुड़ कर भीति से मर जायगी वह।

"कहा जो आपने, सब कुछ सही है,
मगर अपनी मुझे चिन्ता नहीं है।

सुयोधन-हेतु ही पछता रहा हूँ,
बिना विजयी बनाये जा रहा हूँ।

"वृथा है पूछना किसने किया क्या,
जगत् के धर्म को सम्बल दिया क्या!
सुयोधन था खड़ा कल तक जहाँ पर,
न हैं क्या आज पाण्डव ही वहाँ पर?

"उन्होंने कौन-सा अपधर्म छोड़ा?
किये से कौन कुत्सित कर्म छोड़ा?
गिनाऊँ क्या? स्वयं सब जानते हैं,
जगद्गुरु आपको हम मानते हैं।

"शिखण्डी को बनाकर ढाल अर्जुन,
हुआ गांगेय का जो काल अर्जुन,
नहीं वह और कुछ, सत्कर्म ही था।
हरे! कह दीजिये, वह धर्म ही था।

"हुआ सात्यकि बली का त्राण जैसे,
गये भूरिश्रवा के प्राण जैसे,
नहीं वह कृत्य नरता से रहित था,
पतन वह पाण्डवों का धर्म-हित था।

"कथा अभिमन्यु की तो बोलते हैं,
नहीं पर, भेद यह क्यों खोलते हैं?
कुटिल षड्यन्त्र से रण से विरत कर,
महाभट द्रोण को छल से निहत कर,

"पतन पर दूर पाण्डव जा चुके हैं,
चतुर्गुण मोल बलि का पा चुके हैं।
रहा क्या पुण्य अब भी तोलने को?
उठा मस्तक, गरज कर बोलने को?

"वृथा है पूछना, था दोष किसका?
खुला पहले गरल का कोष किसका?
ज़हर अब तो सभी का खुल रहा है,
हलाहल से हलाहल धुल रहा है।

"ज़हर की कीच में ही आ गये जब,
कलुष बन कर कलुष पर छा गये जब,
दिखाना दोष फिर क्या अन्य जन में,
अहं से फूलना क्या व्यर्थ मन में?

"सुयोधन को मिले जो फल किये का,
कुटिल परिणाम द्रोहानल पिये का,
मगर, पाण्डव जहाँ अब चल रहे हैं,
विकट जिस वासना में जल रहे हैं,

"अभी पातक बहुत करवायगी वह,
उन्हें, जाने, कहाँ ले जायगी वह।
न जाने, वे इसी विष से जलेंगे,
कहीं या बर्फ़ में जाकर गलेंगे?

"सुयोधन पूत या अपवित्र ही था,
प्रतापी वीर मेरा मित्र ही था।

किया मैंने वही, सत्कर्म था जो,
निभाया मित्रता का धर्म था जो।

"नहीं किञ्चित् मलिन अन्तर्गगन है,
कनक-सा ही हमारा स्वच्छ मन है;
अभी भी शुभ्र उर की चेतना है,
अगर है, तो यही बस, वेदना है।

"वधूजन को नहीं रक्षण दिया क्यों?
समर्थन पाप का उस दिन किया क्यों?
न कोई योग्य निष्कृति पा रहा हूँ,
लिये यह दाह मन में जा रहा हूँ।

"विजय दिलवाइये केशव! स्वजन को,
शिथिल, सचमुच, नहीं कर पार्थ! मन को।
अभय हो बेधता जा अंग अरि का,
द्विधा क्या, प्राप्त है, जब संग हरि का!

"मही! ले सौंपता हूँ आप रथ मैं,
गगन में खोजता हूँ अन्य पथ मैं।
भले ही लील ले इस काठ को तू,
न पा सकती पुरुष विभ्राट को तू।

"महा निर्वाण का क्षण आ रहा है,
नया आलोक - स्यन्दन आ रहा है,
तपस्या से बने हैं यन्त्र जिसके,
कसे जप-याग से हैं तन्त्र जिसके;

"जुते हैं कीर्तियों के वाजि जिसमें,
चमकती है किरण की राजि जिसमें;
हमारा पुण्य जिसमें झूलता है,
विभा के पद्म-सा जो फूलता है।

"रचा मैंने जिसे निज पुण्य-बल से,
दया से, दान से, निष्ठा अचल से;
हमारे प्राण-सा ही पूत है जो,
हुआ सद्धर्म से उद्भूत है जो;

"न तत्त्वों की तनिक परवाह जिसको,
सुगम सर्वत्र ही है राह जिसको;
गगन में जो अभय हो घूमता है,
विभा की ऊर्मियों पर झूलता है।

"अहा! आलोक-स्यन्दन आन पहुँचा,
हमारे पुण्य का क्षण आन पहुँचा।
विभाओ सूर्य की! जय-गान गाओ,
मिलाओ, तार किरणों के मिलाओ।

"प्रभा-मण्डल! भरो झंकार, बोलो!
जगत् की ज्योतियो! निज द्वार खोलो!
तपस्या रोचिभूषित ला रहा हूँ,
चढ़ा मैं '**रश्मि-रथ**' पर आ रहा हूँ।"

गगन में बद्ध कर दीपित नयन को,
किये था कर्ण जब सूर्यस्थ मन को,

लगा शर एक ग्रीवा में सँभल के,
उड़ी ऊपर प्रभा तन से निकल के!

गिरा मस्तक मही पर छिन्न होकर!
तपस्या-धाम तन से भिन्न होकर।
छिटक कर जो उड़ा आलोक तन से,
हुआ एकात्म वह मिलकर तपन से।

उठी कौन्तेय की जयकार रण में,
मचा घनघोर हाहाकार रण में।
सुयोधन बालकों-सा रो रहा था!
खुशी से भीम पागल हो रहा था!

फिरे आकाश से सुरयान सारे,
नतानन देवता नभ से सिधारे।
छिपे आदित्य होकर आर्त्त घन में,
उदासी छा गयी सारे भुवन में।

अनिल मन्थर व्यथित-सा डोलता था,
न पक्षी भी पवन में बोलता था।
प्रकृति निस्तब्ध थी, यह हो गया क्या?
हमारी गाँठ से कुछ खो गया क्या?

मगर, कर भंग इस निस्तब्ध लय को,
गहन करते हुए कुछ और भय को,
जयी उन्मत्त हो हुंकारता था,
उदासी के हृदय को फाड़ता था।

युधिष्ठिर प्राप्त कर निस्तार भय से,
प्रफुल्लित, हो बहुत दुर्लभ विजय से,
दृगों में मोद के मोती सजाये,
बड़े ही व्यग्र हरि के पास आये।

कहा : "केशव! बड़ा था त्रास मुझको,
नहीं था यह कभी विश्वास मुझको,
कि अर्जुन यह विपद् भी हर सकेगा,
किसी दिन कर्ण रण में मर सकेगा।

"इसी के त्रास में अन्तर पगा था,
हमें वनवास में भी भय लगा था।
कभी निश्चिन्त मैं क्या हो सका था?
न तेरह वर्ष सुख से सो सका था?

"बली योद्धा बड़ा विकराल था वह!
हरे! कैसा भयानक काल था वह?
मुषल विष में बुझे थे, बाण क्या थे!
शिला निर्मोघ ही थी, प्राण क्या थे!

"मिला कैसे समय निर्भीत है यह?
हुई सौभाग्य से ही जीत है यह।
नहीं यदि आज ही वह काल सोता,
न जाने, क्या समर का हाल होता?"

उदासी में भरे भगवान् बोले :
"न भूलें आप केवल जीत को ले।

नहीं पुरुषार्थ केवल जीत में है।
विभा का सार शील पुनीत में है।

"विजय क्या जानिये, बसती कहाँ है?
विभा उसकी अजय हँसती कहाँ है?
भरी वह जीत के हुंकार में है,
छिपी अथवा लहू की धार में है?

"हुआ जाने नहीं, क्या आज रण में?
मिला किसको विजय का ताज रण में?
किया क्या प्राप्त? हम सबने दिया क्या?
चुकाया मोल क्या? सौदा लिया क्या?

"समस्या शील की, सचमुच गहन है।
समझ पाता नहीं कुछ क्लान्त मन है।
न हो निश्चिन्त कुछ अवधानता है।
जिसे तजता, उसी को मानता है।

"मगर, जो हो, मनुज सुवरिष्ठ था वह।
धनुर्धर ही नहीं, धर्मिष्ठ था वह।
तपस्वी, सत्यवादी था, व्रती था,
बड़ा ब्रह्मण्य था, मन से यती था।

"हृदय का निष्कपट, पावन क्रिया का,
दलित-तारक, समुद्धारक त्रिया का।
बड़ा बेजोड़ दानी था, सदय था,
युधिष्ठिर! कर्ण का अद्‌भुत हृदय था।

"किया किसका नहीं कल्याण उसने?
दिये क्या-क्या न छिपकर दान उसने?
जगत् के हेतु ही सर्वस्व खोकर
मरा वह आज रण में निःस्व होकर।

"उगी थी ज्योति जग को तारने को।
न जनमा था पुरुष वह हारने को।
मगर, सब कुछ लुटा कर दान के हित,
सुयश के हेतु, नर-कल्याण के हित।

"दया कर शत्रु को भी त्राण देकर,
ख़ुशी से मित्रता पर प्राण देकर,
गया है कर्ण भू को दीन करके,
मनुज-कुल को बहुत बलहीन करके।

"युधिष्ठिर! भूलिये, विकराल था वह,
विपक्षी था, हमारा काल था वह।
अहा! वह शील में कितना विनत था!
दया में, धर्म में कैसा निरत था!

"समझ कर द्रोण मन में भक्ति भरिये,
पितामह की तरह सम्मान करिये।
मनुजता का नया नेता उठा है।
जगत् से ज्योति का जेता उठा है!"

●●●